Lori VanKirk Schue

Kinder gestalten Kunst

68 kreative Angebote für die Klassen 1–6

Persen

Persen Verlag GmbH

Gedruckt auf umweltbewusst gefertigtem, chlorfrei gebleichtem
und alterungsbeständigem Papier.

1. Auflage 2005

Illustrationen: Gary Shipman
Übersetzung: Claudia Huber
Satz: Satzpunkt Ewert GmbH, Bayreuth

ISBN 3-8344-3794-8

Inhalt

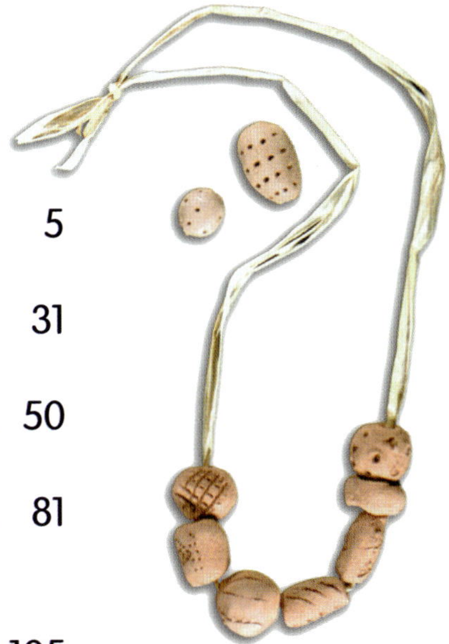

Über dieses Buch

Kunst **ist** etwas für Schüler!

- Kunst fördert Kreativität und abstraktes Denken
- Kunst ist eine einzigartige Möglichkeit, sich selbst auszudrücken
- Kunst schafft eine Verbindung zur Kultur
- Kunst macht Spaß

Die Projekte in diesem Buch wurden mit dem Ziel entwickelt, die Schüler mit einer Vielzahl von Medien und Techniken bekannt zu machen. Wir empfehlen Ihnen, jedes Projekt vorher selbst auszuprobieren, um festzustellen, welche speziellen Hilfestellungen erforderlich werden können.

Reflexion bereichert die Erfahrungen. Sprechen Sie nach jedem Projekt mit Ihren Schülern über das Kunstwerk. Geben Sie Ihren Schülern die Möglichkeit, sich kritisch mit ihren eigenen Werken auseinander zu setzen, indem sie selbst aufzeigen, was ihnen daran gefällt und was nicht.

Alle 68 Projekte werden auf jeweils einer Doppelseite dargestellt.

Liste der benötigten Materialien

Bebilderte Schritt-für-Schritt-Anleitungen

Begriffe aus dem Bereich der Kunst, die für das spezielle Projekt wichtig sind

Eine farbige Abbildung eines fertigen Projektes

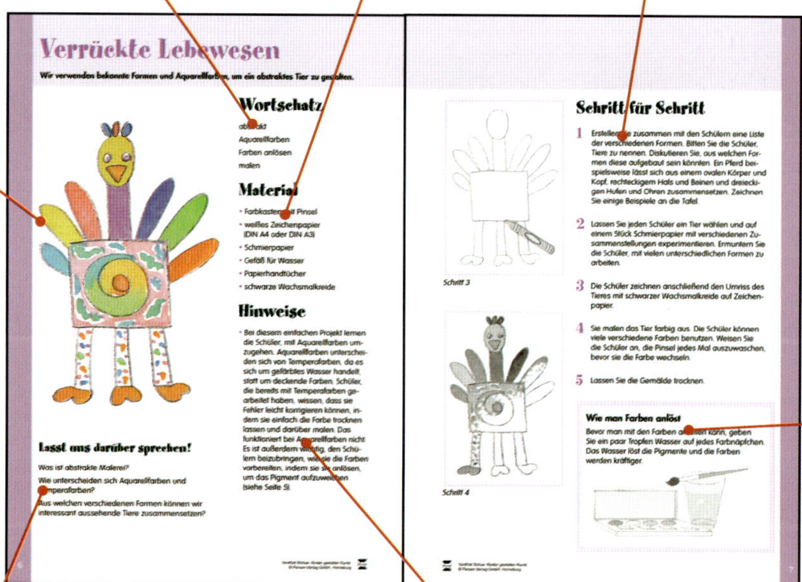

Technische Hinweise und Anleitungen

Diskussionsfragen, mit deren Hilfe Sie eine Würdigung der angewandten Techniken und das Verständnis eines Projektes fördern können

Zusätzliche Informationen, die zu einem Erfolgserlebnis beitragen

Malen

Verrückte Lebewesen

Wir verwenden bekannte Formen und Aquarellfarben, um ein abstraktes Tier zu gestalten.

Lasst uns darüber sprechen!

Was ist abstrakte Malerei?

Wie unterscheiden sich Aquarellfarben und Temperafarben?

Aus welchen verschiedenen Formen können wir interessant aussehende Tiere zusammensetzen?

Wortschatz

abstrakt

Aquarellfarben

Farben anlösen

malen

Material

- Farbkasten mit Pinsel
- weißes Zeichenpapier (DIN A4 oder DIN A3)
- Schmierpapier
- Gefäß für Wasser
- Papierhandtücher
- schwarze Wachsmalkreide

Hinweise

- Bei diesem einfachen Projekt lernen die Schüler, mit Aquarellfarben umzugehen. Aquarellfarben unterscheiden sich von Temperafarben, da es sich um gefärbtes Wasser handelt, statt um deckende Farben. Schüler, die bereits mit Temperafarben gearbeitet haben, wissen, dass sie Fehler leicht korrigieren können, indem sie einfach die Farbe trocknen lassen und darüber malen. Das funktioniert bei Aquarellfarben nicht. Es ist außerdem wichtig, den Schülern beizubringen, wie sie die Farben vorbereiten, indem sie sie anlösen, um das Pigment aufzuweichen (siehe Seite 7).

Schritt 3

Schritt 4

Schritt für Schritt

1 Erstellen Sie zusammen mit den Schülern eine Liste der verschiedenen Formen. Bitten Sie die Schüler, Tiere zu nennen. Diskutieren Sie, aus welchen Formen diese aufgebaut sein könnten. Ein Pferd beispielsweise lässt sich aus einem ovalen Körper und Kopf, einem rechteckigen Hals und Beinen und dreieckigen Hufen und Ohren zusammensetzen. Zeichnen Sie einige Beispiele an die Tafel.

2 Lassen Sie jeden Schüler ein Tier wählen und auf einem Stück Schmierpapier mit verschiedenen Zusammenstellungen experimentieren. Ermuntern Sie die Schüler, mit vielen unterschiedlichen Formen zu arbeiten.

3 Die Schüler zeichnen anschließend den Umriss des Tieres mit schwarzer Wachsmalkreide auf Zeichenpapier.

4 Die Schüler malen das Tier farbig aus. Sie können viele verschiedene Farben benutzen. Weisen Sie die Schüler an, die Pinsel jedes Mal auszuwaschen, bevor sie die Farbe wechseln.

5 Lassen Sie die Gemälde trocknen.

Wie man Farben anlöst

Bevor man mit den Farben arbeiten kann, gibt man ein paar Tropfen Wasser auf jedes Farbnäpfchen. Das Wasser löst die Pigmente und die Farben werden kräftiger.

Actionpainting

Wir gestalten ein abstraktes Bild und experimentieren mit ungewöhnlichen Methoden des Farbauftrags.

Wortschatz

abstrakt

Actionpainting

Kontrast

Material

- pro Schüler ein großes Blatt Papier (mindestens DIN A2)
- verdünnte Temperafarbe in Dosierflaschen, Spritzflaschen, Bechern
- Pinsel
- Kreppklebeband

Hinweise

- Dieses Projekt kann sowohl in Einzel- als auch in Gruppenarbeit durchgeführt werden, wenn ein wandgroßes Stück Papier (Tapetenrolle) oder Material wie ein Betttuch zur Verfügung steht.
- Bereiten Sie eine Arbeitsfläche vor. Wenn möglich, lassen Sie die Schüler draußen arbeiten, wo leichter sauber gemacht werden kann. Schürzen sind zu empfehlen, da es möglicherweise chaotisch zugeht.
- Zeigen Sie Bilder berühmter Vertreter des Actionspaintings wie Jackson Pollock. Suchen Sie in einer Bibliothek nach Drucken oder Kunstbüchern.

Lasst uns darüber sprechen!

Mit welchen Dingen können wir malen?

Warum bezeichnet man diese Methode als Actionpainting?

Was ist das Beste am Actionpainting?

Wie werden Gefühle durch Farbe ausgedrückt? Blau und Violett können eine traurige Stimmung vermitteln, während Gelb und Pink eine fröhliche Stimmung andeuten können. Rot und Schwarz können Ärger oder Wut ausdrücken.

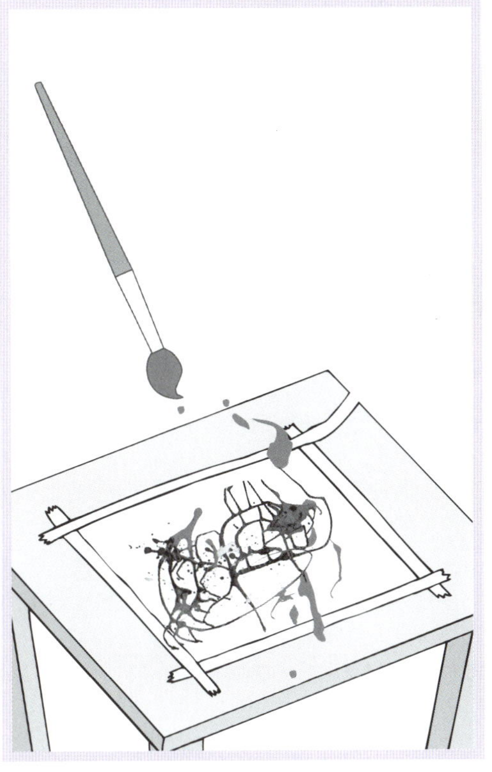

Schritt 3

Schritt für Schritt

1 Bereiten Sie die Farben vorher vor. Verdünnen Sie sie gerade so, dass sie sich mit den vorhandenen Flaschen sprühen bzw. spritzen lassen. Bereiten Sie ausreichende Mengen vor, sodass die Schüler ihre Arbeit nicht zwischendurch unterbrechen müssen.

2 Kleben Sie das Papier auf eine waagerechte Unterlage.

3 Lassen Sie den Schülern das Vergnügen, die Farbe zu sprühen, zu spritzen und zu klecksen.

4 Lassen Sie jeden Schüler oder jede Gruppe 3–5 Minuten malen. Es ist wichtig, schnell zu arbeiten, damit sich das Papier nicht voll saugt.

Welche Farben?

Welche Farbpalette bieten Sie den Kindern an? Die Farbauswahl ist hier entscheidend. Zeigen Sie den Kindern einen Farbkreis. Besprechen Sie Primär- und Sekundärfarben. Welche sind am wirkungsvollsten? Führen Sie Kontraste als eine Möglichkeit ein, Spannung in einem Bild zu erzeugen.

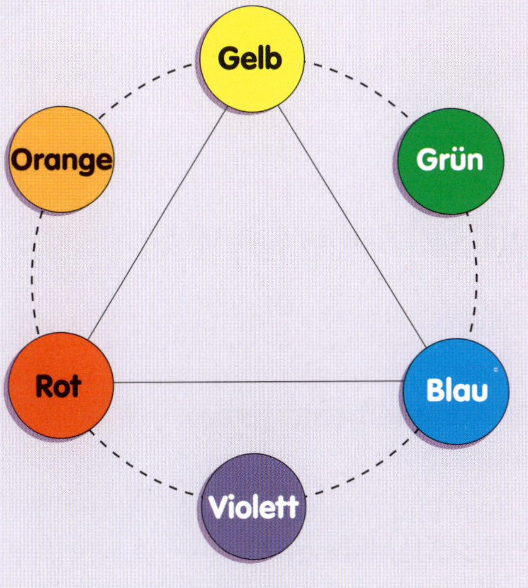

Farbige Flächen

Wir arbeiten mit geometrischen Formen und Komplementärfarben.

Wortschatz

geometrische Muster
Komplementärfarben
Kubismus

Material

- weißes Papier (DIN A3)
- Temperafarben (verschiedene Farben in Bechern)
- Pinsel
- schwarzer Filzstift mit breiter Spitze
- Bleistift
- Lineal oder Geodreieck

Hinweise

- Diese Technik wurde ursprünglich zu Beginn des 20. Jahrhunderts von verschiedenen Künstlern in Paris entwickelt. Sie wurden Kubisten genannt, weil sie als Motive geometrische Gegenstände verwendeten. Sprechen Sie über den Kubismus und zeigen Sie Arbeiten von Piet Mondrian. Erörtern Sie, wie Mondrian mit geraden Linien und rechten Winkeln arbeitete.
- Sprechen Sie über Komplementärfarben und warum sie bei dieser Art von Bildern besonders wirkungsvoll sind.
- Lassen Sie die Schüler in Gruppen arbeiten und Material teilen.

Lasst uns darüber sprechen!

Wie unterscheidet sich der Kubismus von abstrakter Kunst?

Wirken Komplementärfarben mit- oder gegeneinander?

Wirkt dein Bild friedlich oder hektisch? Wirkt dein Bild ruhig oder lebhaft?

Was bewirken die schwarzen Linien?

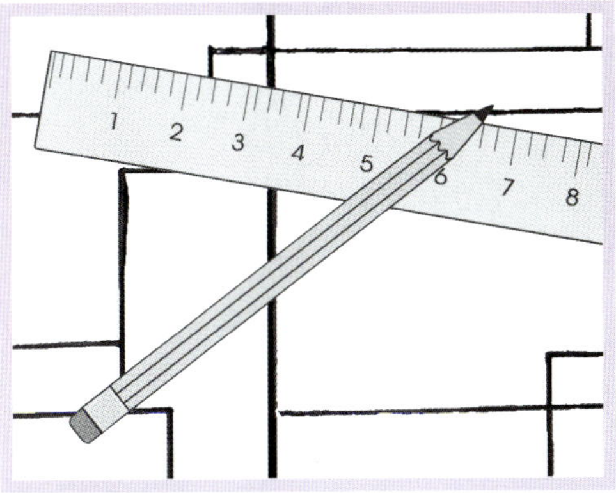

Schritt 2

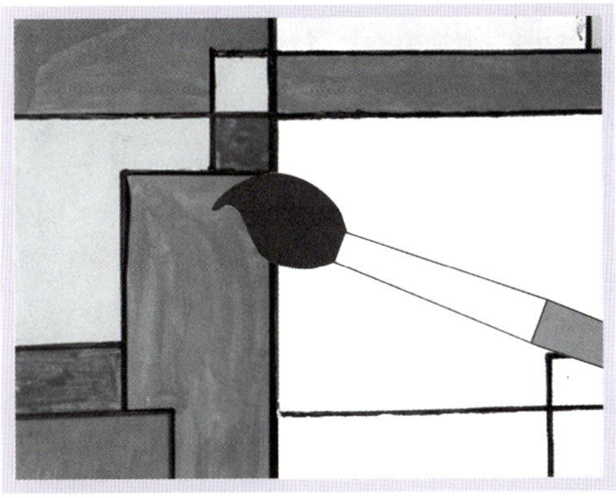

Schritt 3

Schritt für Schritt

1 Die Schüler entscheiden, ob sie das Papier im Hoch- oder Querformat verwenden wollen.

2 Die Schüler skizzieren mit Bleistift und Lineal bzw. Geodreieck das Muster. Dabei versuchen sie, nicht symmetrisch zur Blattmitte zu arbeiten. Die Zeichnung wirkt interessanter, wenn sie an einer Stelle kleinere Flächen gruppieren und drum herum größere platzieren.

3 Anschließend malen sie die Flächen in Komplementärfarben aus. Ermuntern Sie ihre Schüler, einige Flächen weiß zu lassen – das macht das Bild hell und luftig.

4 Wenn die Bilder vollständig trocken sind, können die Schüler die Bleistiftlinien mit schwarzem Filzstift nachzeichnen (mit Lineal oder Geodreieck arbeiten).

Komplementärfarben

Komplementärfarben sind Farbpaare, die sich im Farbkreis direkt gegenüber stehen. Die Schüler müssen mit diesen Farben experimentieren, um selbst herauszufinden, wie groß die Wirkung ist, wenn sie zusammen verwendet werden. Komplementärfarben können scheinbar schwingen, wenn sie in einem Bild direkt aneinander grenzen.

Rot – Grün

Blau – Orange

Gelb – Violett

Hinweis: Auf Seite 29 und 30 finden Sie eine Erläuterung des Farbkreises sowie eine Kopiervorlage.

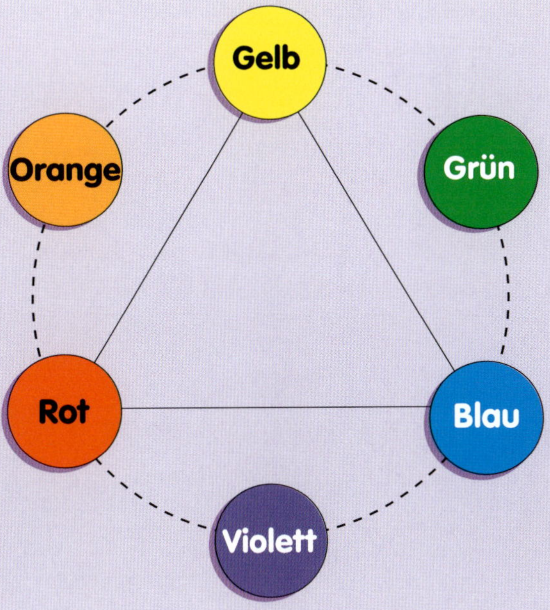

Buntglasfenster

Wir arbeiten mit Fingerfarben auf Seidenpapier und malen Bilder, die an Buntglasfenster erinnern.

Lasst uns darüber sprechen!

Welches Material wurde benutzt?

Warum arbeiten wir bei diesem Projekt mit den Fingern und nicht mit Pinseln?

Wie entsteht die transparente Wirkung?

Wortschatz

Material

Technik

transparent

Materialien

- weißes Seidenpapier beliebiger Größe
- Temperafarben
- flüssige Stärke
- schwarzer Filzstift
- Tonpapier für den Rahmen
- Schüsseln

Hinweise

- Dieses einfache Projekt ermöglicht Erfahrungen mit Fingerfarben auf einem anspruchsvollen Niveau.
- Zeigen Sie Beispiele von Buntglasfenstern. Weisen Sie auf das farbige Glas und auf das Blei hin, das die Farben gegeneinander abgrenzt und das Glas zusammenhält. Erläutern Sie das Wunder des Transparenzeffekts, wenn Glas ins Licht gehalten wird.
- Bereiten Sie eine Arbeitsfläche vor und veranlassen Sie, dass die Schüler Kittel tragen. Bestimmen Sie vorher einen Platz, an dem die Ergebnisse trocknen können. Arbeiten Sie jeweils nur mit einer kleinen Gruppe.

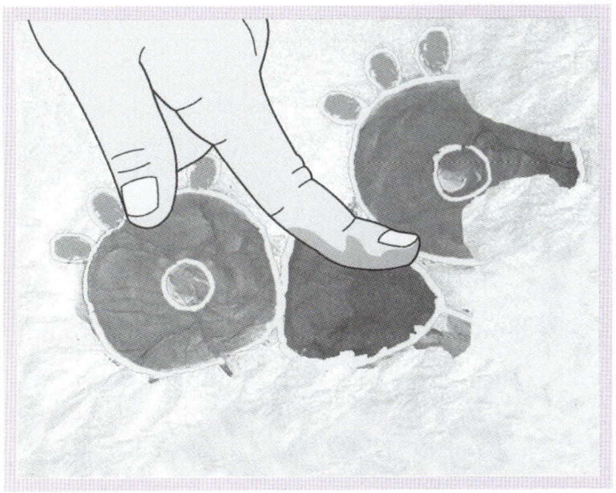
Schritt 2

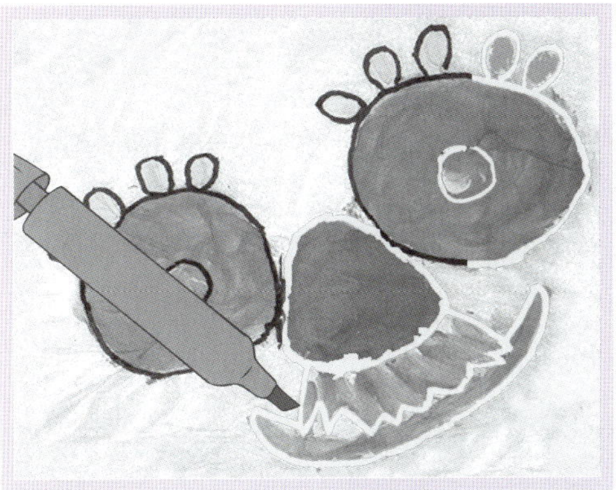
Schritt 3

Schritt 4

Schritt für Schritt

1 Die Schüler legen das Seidenpapier flach auf den Tisch und überlegen, was sie malen wollen.

2 Sie gestalten mit Fingern und Fingerfarben ein vielfarbiges Bild und lassen es trocknen.

3 Wenn das Bild völlig trocken ist, zeichnen sie die Konturen der einzelnen Flächen mit dem schwarzen Filzstift nach und imitieren so das Blei in einem echten Buntglasfenster.

4 Anschließend stellen die Schüler aus Tonpapier einen Rahmen für ihr Bild her. Hängen Sie die Bilder ans Fenster, sodass der Transparenzeffekt zur Geltung kommt.

Das Mischen der Fingerfarben

Verwenden Sie eine halbe Tasse (120 ml) Temperafarbe auf eine viertel Tasse (60 ml) flüssige Stärke. Mischen Sie je eine Schüssel Farbe für jede Farbe aus dem Farbkreis.

Die Bilder rahmen

Schneiden Sie aus dem Tonpapier zwei Stücke, die 10 cm breiter und länger sind als das Bild. Schneiden Sie jeweils die Mitte heraus, sodass ein 5 cm breiter Rand stehen bleibt. Kleben Sie die Seidenpapierbilder zwischen die beiden Papierstücke, sodass ein Rahmeneffekt entsteht.

Gemüsestrauß

Wir gestalten ein farbenfrohes Stillleben und kombinieren Aquarelltechniken mit Abdrücken verschiedener Gemüsesorten.

Wortschatz

drucken	Hintergrund	malen
Technik	Verlauftechnik	Vordergrund

Materialien

- Aquarellfarbenset mit Pinsel
- Becher für Wasser
- weißes Zeichenpapier
- Salz
- Selleriestangen (ganz unten geschnitten)
- Paprikaschoten (quer durchgeschnitten, sodass sich eine Blumenform ergibt)
- Zwiebeln (quer durchgeschnitten, sodass die Ringstruktur sichtbar ist)
- flache Teller für die Temperafarbe
- Temperafarbe (zum Drucken)

Lasst uns darüber sprechen!

Was ist ein Stillleben?

Wie lassen sich die Techniken Malen und Drucken innerhalb eines Kunstwerks kombinieren?

Wie unterscheiden sich Aquarellfarben und Temperafarben?

Hinweise

- Es werden folgende Aquarelltechniken verwendet (vgl. S. 27): Verlauftechnik, Nass-in-nass-Technik, Nass-auf-trocken-Technik und Salztechnik (für Strukturen). Mit den Aquarelltechniken wird das Drucken mit Temperafarben verbunden. Probieren Sie mit den Schülern die verschiedenen Techniken aus, bevor Sie mit dem eigentlichen Projekt beginnen.
- Bereiten Sie alle Materialien vor. Um Zwischenfälle zu vermeiden, sollten die Schüler während des Malens sitzen bleiben.
- Die Schüler sollten darauf achten, nicht übermäßig viel Wasser zu verwenden. Zu viel Feuchtigkeit führt dazu, dass die Bilder durchweichen.

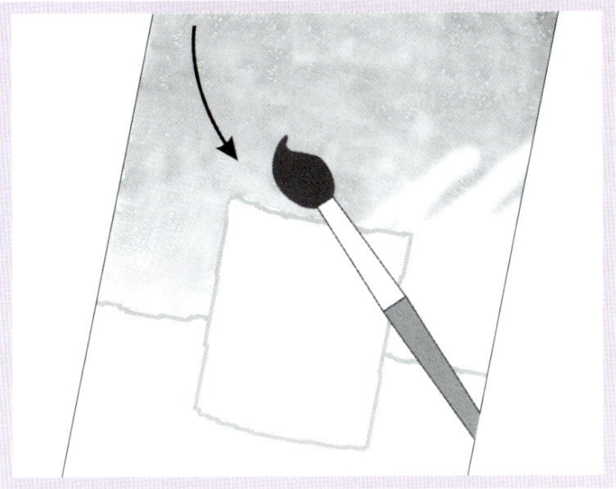
Schritt 2

Schritt 4

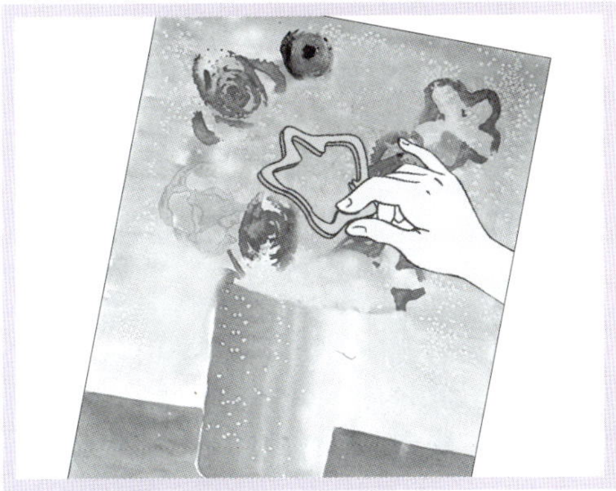
Schritt 6

Schritt für Schritt

1 Die Schüler sollten das Papier im Hochformat vor sich hinlegen. Nachdem die Farben angelöst wurden, lassen Sie die Schüler eine einfache Form als Vase und dahinter eine Tischkante zeichnen.

2 Die Schüler streichen im nächsten Schritt von oben her bis zur Tischkante Wasser auf das Papier, wobei sie die Vase aussparen. Anschließend tropfen sie mit dem Pinsel verschiedene Farben auf die feuchte Fläche (Nass-in-nass-Technik). Die Farben verlaufen und bilden den Hintergrund für die Blumen.

3 Solange die Farbe noch feucht ist, streuen die Schüler Salz auf verschiedene Stellen, um Struktur zu erhalten. Das Bild muss gründlich getrocknet sein, bevor das überschüssige Salz abgestreift werden kann.

4 Die Schüler streichen sauberes Wasser auf die Vase und tragen anschließend von links her Farbe auf. Sie streichen mit senkrechten Pinselstrichen Wasser über die übrige Vase und erzeugen so einen Farbverlauf. Die Vase sollte links dunkel und rechts hell sein.

5 Die Schüler malen den Tisch mit einer anderen Farbe an (Nass-auf-trocken-Technik). Anschließend lassen sie das Bild trocknen.

6 Die Schüler schütten verschiedene kräftige Temperafarben in flache Gefäße. Sie tauchen das Ende der Selleriestange in die Farbe und drucken verschiedene „Blumen". Das Gleiche machen sie mit den übrigen Gemüsesorten, um einen „Strauß" zu gestalten.

7 Mit Aquarellfarbe ergänzen sie grüne Stiele und Blätter.

Fischteich

Wir gestalten eine Unterwasserszene und kombinieren Aquarellmalerei und Druck.

Wortschatz

Abdruck

Pigment

Technik

Materialien

- Aquarellpapier (DIN A4 oder DIN A3)
- Aquarellfarben
- Pinsel (große und kleine)
- Plastikfolie (ausreichend, um das Papier großzügig abzudecken)
- Temperafarbe (schwarz)
- kleine frische Fische oder Kunststofffische
- Zeitungen oder Papierhandtücher
- Schwamm zum Saubermachen
- Eimer mit Wasser

Lasst uns darüber sprechen!

Welche Technik ruft den Eindruck der Wasserbewegung hervor?

Wie tragen die Fischabdrucke zur Wirkung des Bildes bei?

Vermittelt die Platzierung der Fische den Eindruck von Bewegung?

Hinweise

- Bereiten Sie eine Druckstation vor und lassen Sie jeweils nur ein paar Schüler gleichzeitig drucken.
- Säubern Sie die Fische in einem Eimer mit Wasser und trocknen Sie sie zwischen den verschiedenen Druckvorgängen, damit die Struktur der Schuppen und Flossen sichtbar bleibt.

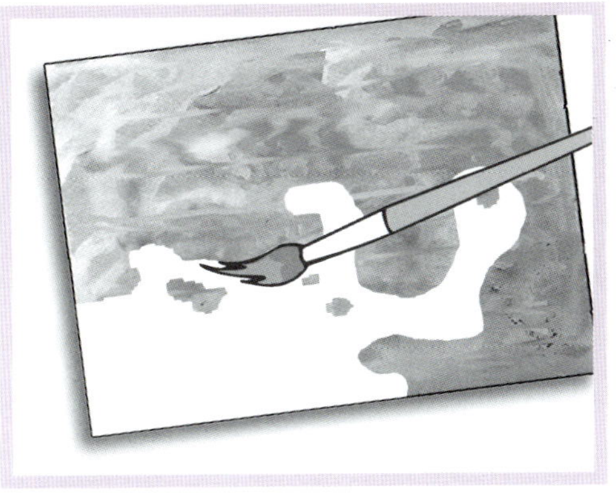

Schritt 2

Schritt 3

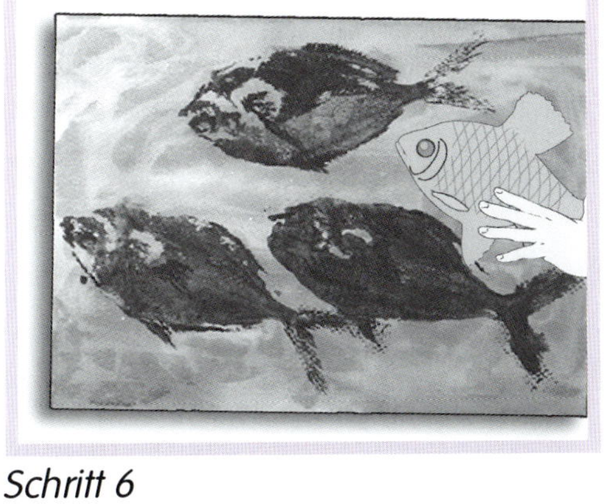

Schritt 6

Schritt für Schritt

1 Lassen Sie Ihre Schüler das Aquarellpapier großzügig mit Wasser befeuchten.

2 Die Schüler lösen die Farben an. Sie tropfen dann mit dem Pinsel große Tropfen blauer und grüner Farbe auf das Papier, bis es vollständig bedeckt ist.

3 Die Schüler legen die Plastikfolie darüber. Etwaige Falten und Beulen in der Plastikfolie sollen nicht geglättet werden! Lassen Sie Ihre Schüler die Folie vorsichtig um das Papier schlagen und die Farbe vollständig trocknen.

4 Die Schüler entfernen die Plastikfolie.

5 Die Schüler trocknen den Fisch mit Papierhandtüchern ab und färben eine Seite mit schwarzer Temperafarbe ein.

6 Sie machen einen Fischabdruck, indem sie die eingefärbte Seite auf das bemalte Papier legen und den Fisch mit Zeitungen oder Papierhandtüchern anpressen. Die Schüler ergänzen weitere Fischabdrucke bis das Bild voll ist.

Sandbilder

Sandbilder nach Art amerikanischer Ureinwohner bieten eine Lektion in Symmetrie.

Wortschatz

asymmetrisch	Design
Medium	Piktogramm
Symmetrie	Textur

Material

- Sand (z. B. vom Strand oder Vogelsand)
- Stoff-, Batik- oder Tuschfarbe
- Zeitungspapier oder andere Unterlage
- Tonpapier im DIN-A5-Format
- Bleistift
- Klebstoff
- Schüsseln (für Sand und Klebstoff)
- Löffel
- Pinsel oder Wattestäbchen
- Kittel

Hinweise

- Zeigen Sie wenn möglich Fotos von Kunstwerken amerikanischer Ureinwohner. Diskutieren Sie mit den Schülern, wie die amerikanischen Ureinwohner Piktogramme einsetzen. Piktogramme erzählen eine Geschichte.
- Geben Sie den Schülern die Möglichkeit, mit symmetrischen Mustern zu experimentieren, bevor sie mit dem eigentlichen Projekt beginnen.
- Die Schüler sollten Kittel tragen, wenn sie mit Farbe arbeiten.

Lasst uns darüber sprechen!

Warum ist es wichtig, vorher ein Muster zu planen, bevor man mit dem Malen beginnt?

Wie unterscheiden sich symmetrische und asymmetrische Muster?

Wie unterscheidet sich die Anfertigung von Sandbildern von anderen traditionellen Malweisen?

Was trägt die Sandstruktur zur Wirkung des fertigen Bildes bei?

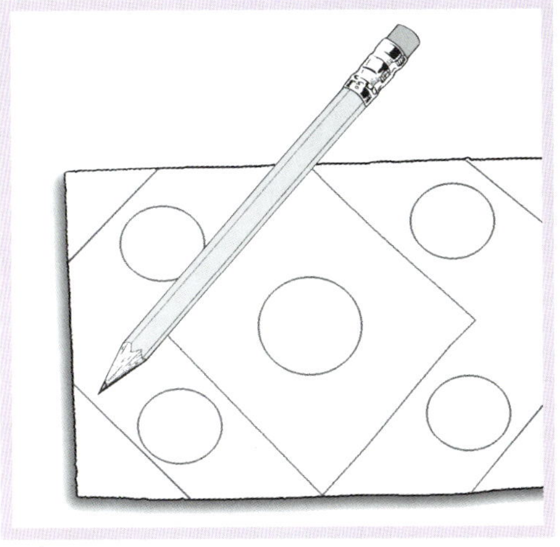

Schritt 1

Schritt 2

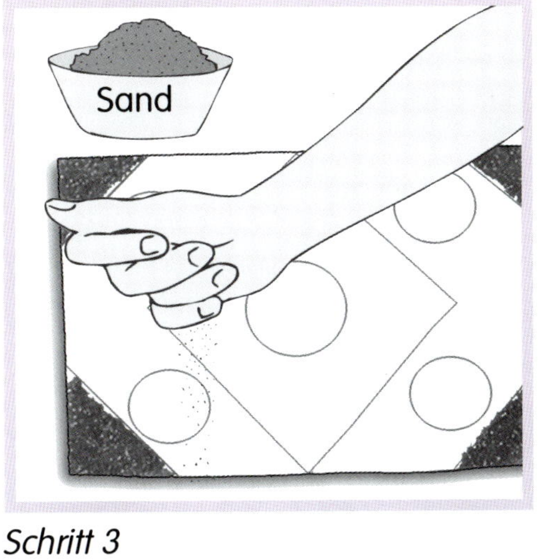

Schritt 3

Schritt für Schritt

1 Um die Mitte zu bestimmen, falten die Schüler das Tonpapier auf die Hälfte. Sie öffnen das Papier wieder und legen es glatt hin. Sie zeichnen darauf ein einfaches symmetrisches Muster. (*Symmetrisch* bedeutet, dass das Muster auf beiden Seiten des Knicks spiegelgleich ist.)

2 Die Schüler bestreichen mit Pinsel oder Wattestäbchen nacheinander jeweils einen Teil des Musters mit dem Klebstoff.

3 Sie bestreuen – mit den dunklen Farben beginnend – die mit Klebstoff bestrichenen Teile des Musters großzügig mit der Sandmischung.

4 Jedes Musterelement muss erst ein paar Minuten antrocknen, bevor die Schüler das Papier hochheben und das überflüssige Material zurück in die Schüssel schütteln können. Anschließend fahren sie mit dem Kleben und Bestreuen fort (die hellste Farbe kommt zum Schluss), bis das Bild vollständig ist.

5 Die Schüler lassen ihr Bild trocknen.

Unser Sandbild wird mit gefärbtem Sand hergestellt.

Lösen Sie die Farbe in Wasser auf. Geben Sie den Sand hinzu und lassen Sie das Gemisch 1–2 Stunden stehen. Dann gießen Sie das Wasser vorsichtig ab. Lassen Sie den Sand auf mehreren Schichten Zeitungspapier o. Ä. trocknen.

Tanzende Affen

Dieses Projekt imitiert die Kunst von Wang Yani und den chinesischen Malstil mit eingeschränkter Farbpalette.

Wortschatz

eingeschränkte Farbpalette

Xieyi (traditionelle chinesische Tuschmalerei)

Material

- Farbkasten
- Pinsel (dicke und dünne)
- pro Schüler zwei Blatt Papier im Format 15 × 42 cm (DIN-A3-Blatt längs durchschneiden)
- Becher für Wasser
- Papierhandtücher

Lasst uns darüber sprechen!

Warum sind Bilder in chinesischem Stil so verschieden von europäischen Kunstwerken?

Erzählen alle Bilder eine Geschichte?

Welche Stimmung vermitteln chinesische Gemälde?

Hinweise

- Lösen Sie nur die Farben Rot und Schwarz an. Die Farben sollten sehr „suppig" werden.
- Die Schüler müssen sich mit den dicken und dünnen Pinseln vertraut machen. Dicke Pinselstriche sind am besten für die Arme und Beine der Affen geeignet, feine für Finger, Zehen und Details.

Die Kunst von Wang Yani

Stellen Sie die Künstlerin Wang Yani vor, indem Sie Bilder ihrer Werke zeigen. Stellen Sie heraus, dass sie nur mit einfachen Pinselstrichen arbeitet und der Eindruck von Bewegung in ihren Bildern durch die Gestaltung von Ellenbogen und Knien ihrer Objekte hervorgerufen wird.

Schritt 2

Schritt 3

Schritt 4

Schritt für Schritt

1 Zeigen Sie den Schülern, wie man mit einfachen Pinselstrichen Körperteile von Affen darstellen kann (siehe Bild S. 20). Verwenden Sie sowohl dicke als auch dünne Pinsel. Die Schüler können um Sie herum stehen oder Sie malen auf dem Overheadprojektor.

2 Auf einem Blatt Papier probieren die Schüler verschiedene Pinselstriche aus. Ermuntern Sie sie, viele verschiedene Techniken zur Darstellung der einzelnen Körperteile der Affen zu testen.

3 Wenn die Schüler mit den unterschiedlichen Pinseln vertraut sind, beginnt die eigentliche Arbeit mit schwarzer Farbe auf einem neuen Blatt Papier. Das Papier kann sowohl im Hochformat als auch im Querformat benutzt werden. Die Affen können über das ganze Blatt tanzen und sich bewegen.

4 Lassen Sie Ihre Schüler mit roter Farbe Mund, Augen, Nase und andere Einzelheiten ergänzen, sobald die schwarze Farbe getrocknet ist.

Impasto-Malerei

Wir beschäftigen uns mit der Textur in einem Gemälde, indem wir ein Stillleben mit dickem Farbauftrag malen.

Wortschatz

Impasto

Medium

Stillleben

Textur

Material

- Temperafarben (verschiedene Farbtöne)
- Kleister oder trockene Seifenflocken (Sie können Seife reiben.)
- Früchte oder Blumen
- Becher
- Löffel
- Pinsel (einen für jede Farbe)
- Karton (DIN A4)
- Bleistift

Hinweise

- Zeigen Sie Bilder von Vincent van Gogh. Diskutieren Sie, wie er bei der Gestaltung seiner Kunstwerke Farben und Texturen einsetzte.
- Erklären Sie, dass für die Impasto-Technik eine pastenartige Substanz zur Farbe zugegeben wird, um diese zu verlängern, ohne die Farbintensität zu verändern. Das spart Kosten, da Farben teuer sind. Außerdem trägt die Dicke der Farben dazu bei, den Bildern Textur zu verleihen und sie eher räumlich wirken zu lassen.
- Die „Sonnenblumen" von Vincent van Gogh sind ein Beispiel für diese Art Malerei.

Lasst uns darüber sprechen!

Was ist ein Stillleben?

Wie unterscheidet sich Impasto von Aquarellfarben?

Wie trägt die Dicke der Farbe zur Wirkung des fertigen Gemäldes bei?

Wirkt das Objekt echter oder massiver, als wenn es mit Aquarellfarben gemalt worden wäre? Warum?

Macht die Struktur, die sich durch den pastosen Farbauftrag ergibt, das Objekt interessanter? Wenn ja, wie?

Schritt 1

Schritt 2

Schritt 3

Schritt für Schritt

1 Besprechen Sie zunächst die Technik. Anschließend stellen Sie für die Schüler Blumen oder Früchte zusammen, die diese auf einem Stück Karton skizzieren. Halten Sie das Arrangement einfach.

2 Lassen Sie die Schüler ihre Zeichnung mit den Impasto-Farben anmalen. Ermuntern Sie sie, beim Malen Klumpen zu hinterlassen.

3 Nachdem die Farbe getrocknet ist, fordern Sie die Schüler dazu auf, die Konturen der verschiedenen Teile des Gemäldes zur Verdeutlichung mit schwarzer Temperafarbe nachzuzeichnen. Ziel dieses Projektes ist es, Erfahrungen mit einem sehr alten Medium zu sammeln und zu erkennen, wie Texturen einem Gemälde Tiefe verleihen können.

Impasto mischen

Mischen Sie die Impasto-Farbe im Vorfeld. Lassen Sie die Schüler dabei helfen. Kleine Gruppen von Schülern teilen sich jeweils Farben.

Mischen Sie Temperafarben und Kleister oder Seifenflocken in folgendem Verhältnis: ½ Tasse (120 ml) Temperafarbe auf ⅓ Tasse (80 g) Kleister oder Seifenflocken. Lassen Sie die Klumpen in der Farbe, damit das Gemälde Textur bekommt. Stellen Sie mehrere Tassen von jeder Farbe her.

Winterwald

Wir gestalten eine Winterlandschaft mit Birken.

Lasst uns darüber sprechen!

Was ist eine Landschaft?

Wie unterscheiden sich Malen und Drucken?

Wie verwendet man Aquarellfarben und Pinsel richtig?

Wie können Schatten in einem Gemälde zur räumlichen Wirkung beitragen?

Wortschatz

abdecken

Hintergrund

Landschaft

Nass-in-nass-Technik

Schwammtechnik

Vordergrund

Material

- Aquarellfarben und Pinsel
- Aquarellpapier (DIN A4)
- Tasse für Wasser
- Papierhandtücher
- 18 cm lange Stücke Abdeckband (fünf pro Kind)
- Zahnbürste
- weiße Temperafarbe (in Bechern)
- kleine Schwammstücke

Hinweise

- Lassen Sie die Schüler die Farben anlösen.
- Zeigen Sie ihnen das Abkleben und die Schwammtechnik.
- Sprechen Sie über Vorder- und Hintergrund in einem Bild.
- Sorgen Sie dafür, dass die Schüler ihre Bilder nicht überladen. Lassen Sie die Schüler regelmäßig Pausen machen, um zu reflektieren, was sie bis dahin gemalt haben.
- Betrachten Sie mit den Kindern Fotos von Birken, damit sie sich die blassen Stämme vorstellen können.

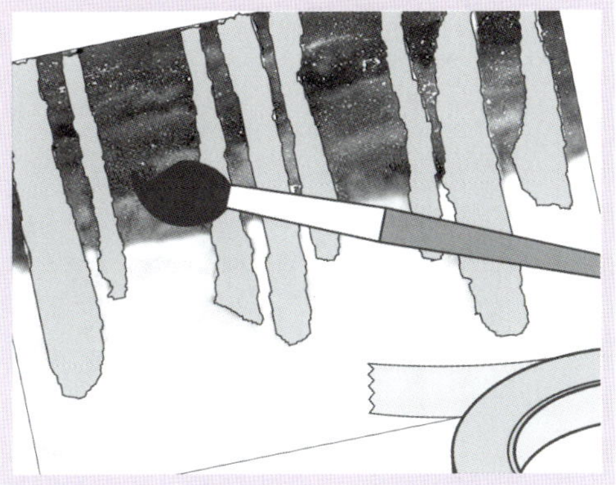
Schritte 1 und 2

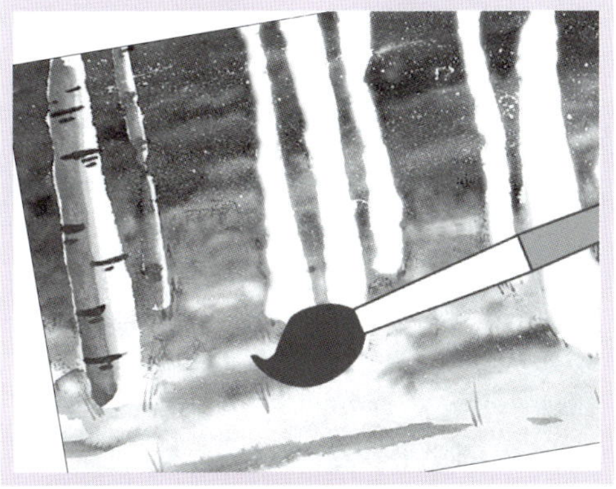
Schritte 3, 4 und 5

Schritt 6

Schritt für Schritt

1 Die Schüler zerreißen das Abdeckband der Länge nach. Sie kleben die Stücke so auf das Papier, dass sich Umrisse von Bäumen im Wald ergeben. Die Ränder müssen gut festgedrückt werden!

2 Die Schüler streichen mit einem in Wasser getauchten Pinsel über Papier und Abdeckband. Sie tragen Blau und Violett als Hintergrund auf. (Die Farben dürfen sich mischen.) Der Vordergrund bleibt weiß, er stellt den schneebedeckten Boden dar.

3 Lassen Sie die Schüler mit brauner Farbe Schatten unten an die Baumstämme tropfen, solange das Papier noch feucht ist. Die Schatten sollten sich alle auf derselben Seite befinden.

4 Wenn das Bild vollständig getrocket ist, ziehen die Schüler vorsichtig das Abdeckband ab.
Die weißen Flächen, die übrig bleiben, sind die Birkenstämme.

5 Nun können die Schüler Details der Birken mit brauner Farbe ergänzen. Sie sollten dabei nur die Pinselspitze einsetzen. Sie gestalten ein zufällig verteiltes Punkt-Strich-Muster. Die Bäume sollen nicht gestreift aussehen. Die Schüler können jetzt auch Gräser und vertrocknete Kräuter in den Schnee zeichnen.

6 Die Schüler tauchen ein Schwammstück in die grüne Farbe und setzen immergrüne Büsche an die Basis der Bäume. (Sie sollten dabei nicht übertreiben.)

7 Ein „Schneeflockeneffekt" lässt sich mithilfe einer Zahnbürste, die in weiße Temperafarbe getaucht wurde, erreichen. Die Schüler verteilen „Schnee" über das Bild, indem sie schnell den Daumen über die Borsten ziehen und so Farbe aufs Papier spritzen.

Abstrakte Aquarelle

Wir experimentieren mit Aquarelltechniken und malen abstrakte Bilder.

Lasst uns darüber sprechen!

Wie unterscheiden sich abstrakte Bilder von realistischen Bildern?

Abstrakte Bilder können Gefühle und Klänge ausdrücken. Welches Gefühl vermittelt dein Bild?

Mit welchen Techniken lassen sich stern- oder federartige Effekte erzielen?

Wortschatz

abstrakt

Design

Primärfarben

Sekundärfarben

Technik

Material

- Schmierpapier zum Üben
- Aquarellpapier (DIN A4)
- Farbkasten mit Pinsel
- Schwamm
- Strohhalm
- Becher für Wasser
- Papiertaschentücher und Papierhandtücher
- Plastikfolie
- Wachskerze (oder Wachsmalkreide)
- Salz

Hinweise

- Lassen Sie die Schüler in ihrem eigenen Tempo arbeiten. Sie sollten mit allen Techniken „spielen", bevor sie mit dem eigentlichen Bild anfangen. Ermuntern Sie Ihre Schüler dazu, ihren Bildern Titel zu geben. Schüler, die beim Malen unsicher sind, sind oft wie befreit, wenn sie abstrakt malen dürfen.

Nass in nass

Nass auf trocken

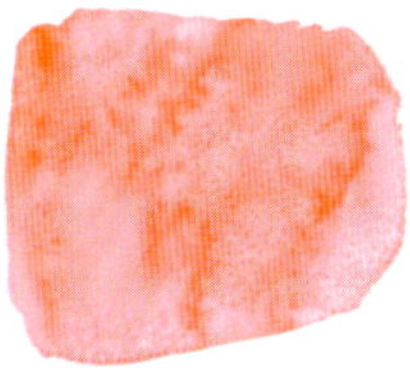

Salz

pusten

Plastikfolie

Schwamm

Farbabstufungen

Schritt für Schritt

1 Zeigen Sie den Kindern die folgenden Aquarelltechniken:

- Wenn man Salz auf nasse Farbe streut, ergibt sich nach dem Trocknen ein Sterneffekt.
- Bedecken Sie nasse Farbe mit einer Plastikfolie und lassen Sie sie trocknen. Nach dem Entfernen der Folie erhält man ein wässriges Aussehen.
- Tunken Sie einen Schwamm in Farbe und drucken Sie damit auf das Papier. – Das Ergebnis erinnert an Spitzen.
- Zeichnen Sie mit einer Wachskerze und übermalen Sie das Ganze mit Farbe. Das Wachs ist Wasser abweisend, die Farbe perlt ab.
- Pusten Sie nasse Farbe mit einem Strohhalm über das Blatt, um einen spinnenartigen Eindruck zu erzeugen.
- Feuchten Sie das Papier mit klarem Wasser an und tropfen Sie Farbe auf, um einen fedrigen Eindruck zu erreichen. Man sagt auch, die Farben „blühen".

2 Lassen Sie die Kinder die Farben anlösen, indem sie einen Tropfen Wasser auf jede Farbe geben.

3 Geben Sie den Kindern genug Zeit, verschiedene Techniken auszuprobieren, bis sie ganz entspannt und mit den Techniken vertraut sind.

4 Lassen Sie die Kinder unter Verwendung einer oder mehrerer der erarbeiteten Techniken ein abstraktes Bild gestalten.

Abstrakte Miniaturen

Die Schüler wählen Ausschnitte aus ihren abstrakten Bildern aus dem vorherigen Projekt und gestalten kleine Ausstellungsstücke.

Material

- abstrakte Aquarelle (siehe Seite 26 und 27)
- weiße Karteikarten im Format DIN A6 (drei pro Schüler)
- Ausschnittsucher
- Leim
- Schere
- Bleistift

Wie man einen Ausschnittsucher herstellt

Schneiden Sie aus der Mitte einer weißen Karteikarte ein 4 × 7,5 cm großes Fenster heraus. Stellen Sie mehrere solcher Ausschnittsucher her, die sich die Schüler teilen.

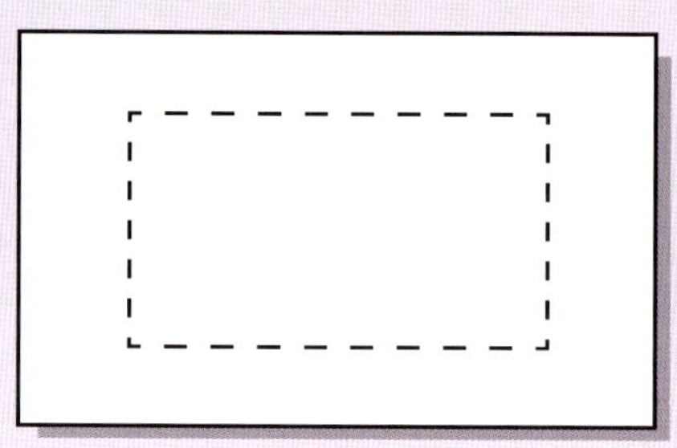

Schritt für Schritt

1. Die Schüler ermitteln mithilfe des Ausschnittsuchers drei interessante Ausschnitte in ihren abstrakten Aquarellen aus der vorhergehenden Stunde. Ermahnen Sie die Schüler, erst alle drei Abschnitte herauszusuchen, ehe sie sie markieren und ausschneiden.
2. Die Schüler umfahren die rechteckige Öffnung im Ausschnittsucher mit einem Bleistift und markieren so alle drei ausgewählten Abschnitte, die sie anschließend ausschneiden.
3. Die Schüler kleben jedes der kleinen Bilder in die Mitte einer Karteikarte.
4. Schaffen Sie eine Ausstellungsfläche für die Miniaturen.

Der Farbkreis

Vervielfältigen Sie den Farbkreis auf Seite 30 für die Schüler. Lassen Sie sie die Farben auftragen, während Sie die folgenden Fachausdrücke erklären.

Primärfarben

Rot, Gelb und Blau werden Primärfarben genannt. Primärfarben können nicht durch Mischung von Farben hergestellt werden. Man kann Primärfarben aber dazu verwenden, andere Farben zu mischen.

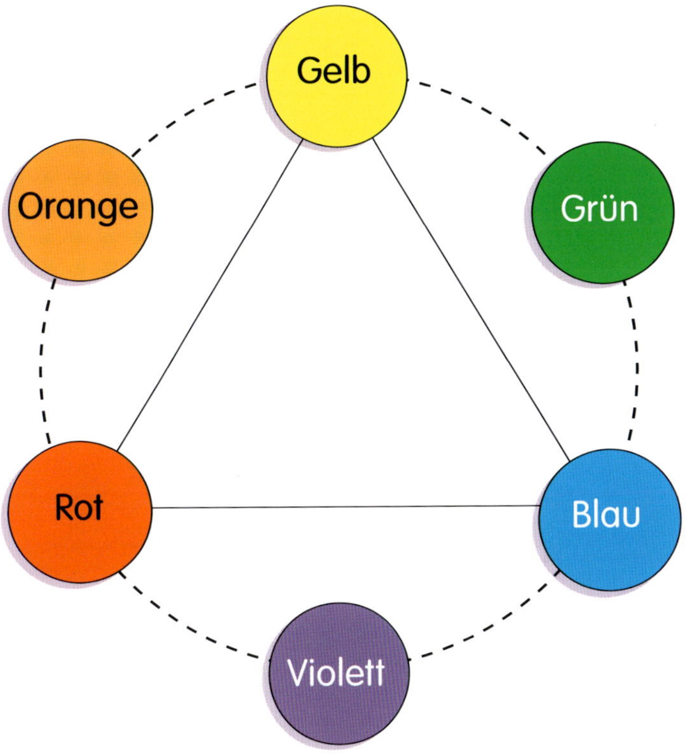

Sekundärfarben

Grün, Violett und Orange werden Sekundärfarben genannt. Man erhält sie durch Mischen zweier nebeneinander liegender Primärfarben:

Gelb + Blau = Grün

Blau + Rot = Violett

Rot + Gelb = Orange

Komplementärfarben

Farben, die sich im Farbkreis gegenüber stehen, nennt man Komplementärfarben. Wenn sie zusammen verwendet werden, entfalten sie eine besonders starke Wirkung.

Rot – Grün

Gelb – Violett

Blau – Orange

Tertiärfarben

Tertiärfarben sind Gelbgrün, Blaugrün, Blauviolett, Rotviolett, Rotorange und Gelborange. Diese Farben entstehen durch Mischung von Primär- und Sekundärfarben:

Gelb + Grün = Gelbgrün

Rot + Orange = Rotorange

Blau + Violett = Blauviolett

Farbkreis

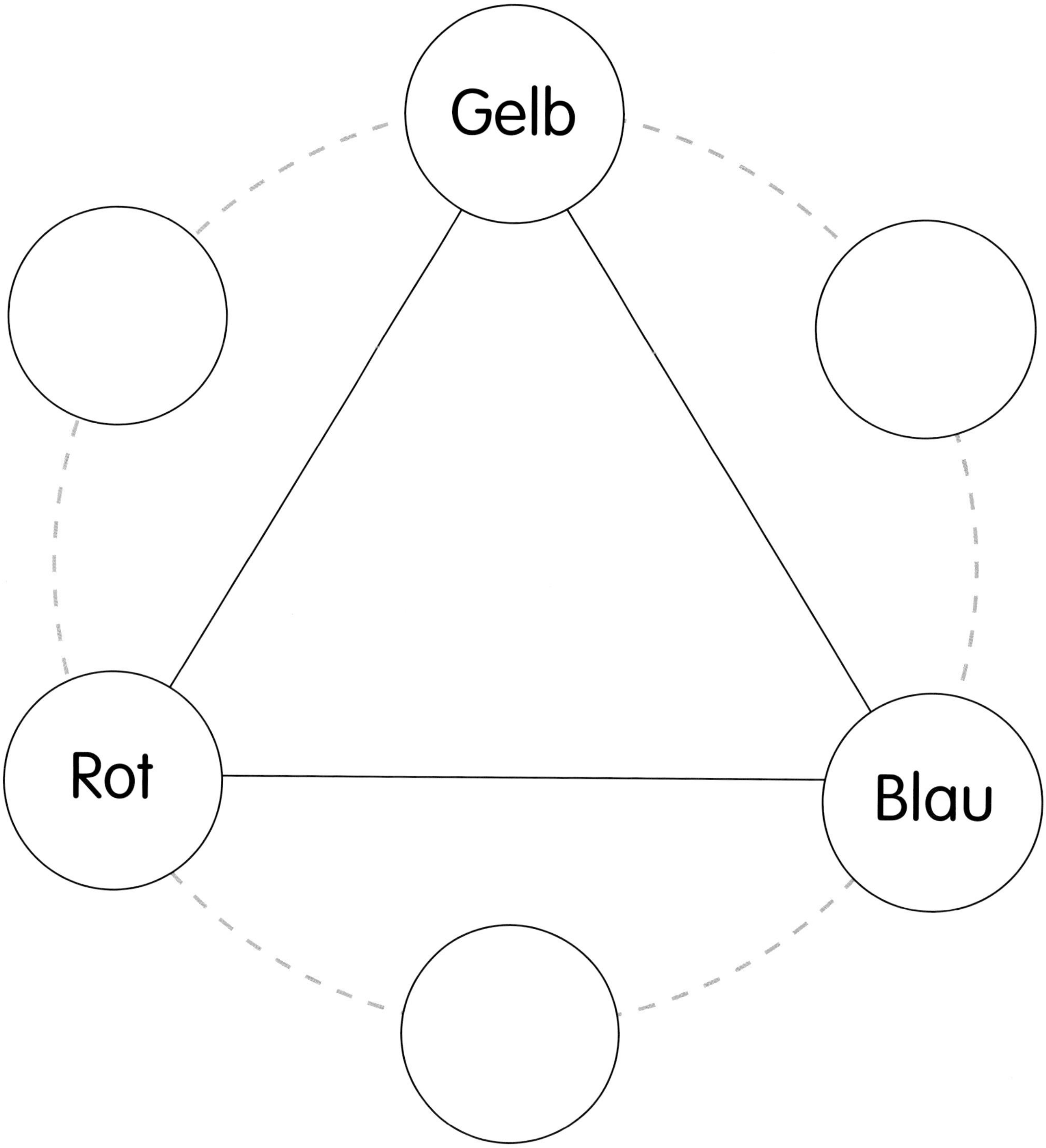

Primärfarben	Sekundärfarben
• Rot • Blau • Gelb	• Orange • Violett • Grün

Weben

Papierdeckchen

Die Schüler weben aus Papierstreifen Deckchen in Komplementärfarben.

Lasst uns darüber sprechen!

Wie unterscheiden sich Weben und Malen?

Was hat Weben mit Modellieren gemeinsam? Welche Materialien außer Papier könntet ihr für dieses Projekt verwenden?

Inwieweit ist die Verwendung von Komplementärfarben hilfreich?

Wortschatz

Komplementärfarben

weben

Kette/Kettfäden (Längsfäden)

Schuss/Schussfäden (Querfäden)

Material

- Tonpapier in Rot, Grün, Gelb, Violett, Blau, Orange – ein DIN-A4-Blatt pro Schüler
- 11 Tonpapierstreifen im Format 2,5 × 21 cm pro Schüler
- Schere
- Leim oder Klebstoff
- Lineal
- Bleistift

Hinweise

- Verwenden Sie diese Deckchen zur Dekoration oder als Platzdeckchen für ein Klassenfest.
- Erklären Sie den Kindern einen Webrahmen. Mit einem Webstuhl oder Webrahmen wird Stoff hergestellt, indem Fäden oder Garne rechtwinklig miteinander verflochten werden. Die Fäden verlaufen in zwei Richtungen: horizontal und vertikal. Die vertikalen Fäden werden Kettfäden oder Kette genannt und direkt auf den Webrahmen gespannt. Die horizontalen Fäden nennt man Schussfäden oder Schuss. Sie werden zwischen den Kettfäden durchgefädelt.

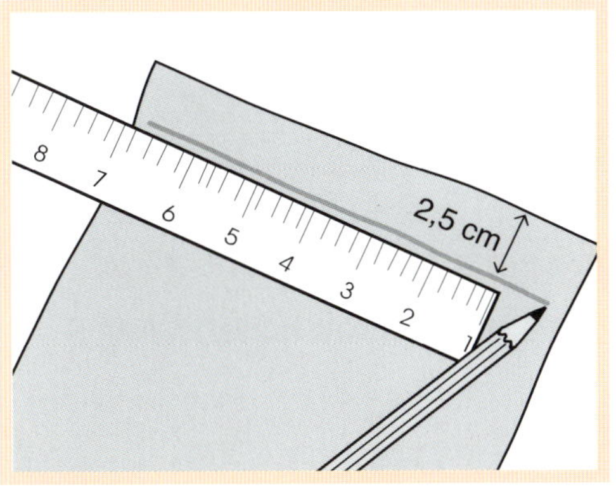

Schritt 2

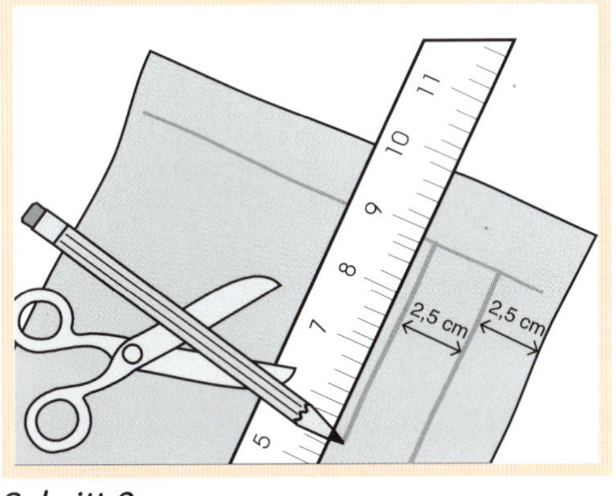

Schritt 3

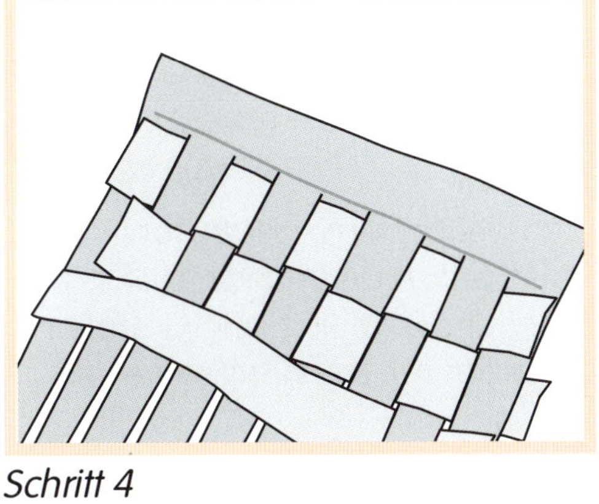
Schritt 4

Schritt für Schritt

1 Nachdem über Komplementärfarben gesprochen wurde (siehe auch unten), wählt jeder Schüler ein Blatt Tonpapier und 11 Streifen in der Komplementärfarbe.

2 Die Schüler legen das Blatt hochkant auf den Tisch. Sie messen mit dem Lineal 2,5 cm vom oberen Rand ab und ziehen mit dem Bleistift eine Linie. Hier enden die Schnittlinien.

3 Die Schüler ziehen nun beginnend an der in Schritt 2 gezeichneten Querlinie alle 2,5 cm eine senkrechte Linie bis zum unteren Papierrand. Entlang dieser Linien schneiden sie das Papier bis zur Querlinie ein. Die entstandenen Streifen bilden beim Weben die Kette.

4 Die Schüler legen das eingeschnittene Papier auf den Tisch und weben mit den vorbereiteten Tonpapierstreifen in der Kontrastfarbe. Jeder eingewobene Streifen wird unmittelbar an den vorhergehenden geschoben.

5 Den letzten Streifen kleben die Schüler sorgfältig an die Enden der Kettfäden, damit sich nichts verschieben kann.

Komplementärfarben

Führen Sie den Farbkreis ein (siehe Seite 29).

Helfen Sie den Kindern, die Komplementärfarben zu finden.

Komplementärfarben stehen einander im Farbkreis gegenüber:

Rot – Grün

Gelb – Violett

Blau – Orange

Gewebte Landschaft

Unregelmäßige Webstreifen deuten Landschaftsstrukturen an. Die Schüler malen eine Freiluftszene in die Mitte.

Lasst uns darüber sprechen!

Mit welchen Materialien kann man weben?

Wie kann ein Webbild eine Geschichte erzählen?

Wie erzeugen Wellenschnitte den Eindruck von Bewegung?

Wortschatz

Landschaftsbild

weben

Kette/Kettfäden (Längsfäden)

Schuss/Schussfäden (Querfäden)

Material

- Tonpapier im Format DIN A4
- Tonpapierstreifen in zwei Kontrastfarben (Format 13 × 2,5 cm)
- Schere
- Wachsmalkreiden
- Leim oder Klebstoff
- Lineal
- Bleistift

Hinweise

- Jüngere Schüler benötigen möglicherweise Hilfe beim Messen und Schneiden.
- Bieten Sie Papier in vielen verschiedenen Farben an und lassen Sie die Schüler das Blatt im Hintergrund und die Streifen in zwei Kontrastfarben auswählen.

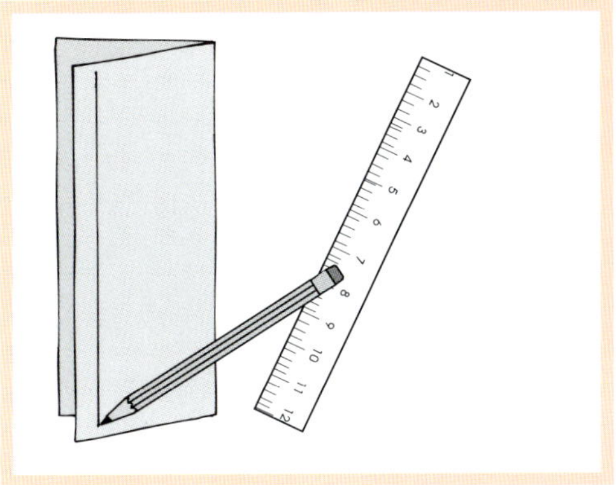

Schritt 1

Schritt 2

Schritt 4

Schritte 5 und 6

Schritt für Schritt

1 Lassen Sie die Schüler das Tonpapier der Länge nach in der Mitte falten und 2,5 cm vom „offenen" Rand entfernt mit Bleistift eine Linie ziehen.

2 Die Schüler schneiden vom Falz ausgehend gebogene Linien in das Papier, die jeweils an der Bleistiftlinie enden. Lassen Sie die Schüler je drei bis vier Schnitte im oberen und im unteren Drittel machen. Die Mitte bleibt unberührt.

3 Die Schüler öffnen das Papier, legen es flach auf den Tisch und glätten den Falz.

4 Die Schüler zeichnen mit Wachsmalkreiden in die Mitte des Papiers eine einfache Landschaft – beispielsweise Bäume oder ein Segelboot mit Wolken und Vögeln.

5 Die Schüler weben die Tonpapierstreifen durch die Schnitte. Dabei sollten sie eine Farbe für oben und die andere für unten wählen. Die Zeichnung darf nicht überdeckt werden.

6 Die Streifen werden an beiden Enden mit einem Tropfen Leim oder Klebstoff gesichert.

Weben mit Transparentpapier

Wir imitieren mit verwobenem Transparentpapier die Wirkung eines Buntglasfensters.

Wortschatz

Primärfarben

Sekundärfarben

transparent

Kette

Schuss

Material

- Tonpapier für Rahmen (DIN A4)
- normales Papier oder stabiles weißes Transparentpapier (DIN A4)
- Schere und Lineal
- Transparentpapierstreifen 5 × 30 cm (für jedes Kind: 1 blau, 1 rot, 1 gelb)
- Transparentpapierstreifen 5 × 21 cm (für jedes Kind: 1 blau, 2 rot, 2 gelb)
- Leim oder Kleister

Hinweise

- Bereiten Sie für jüngere Schüler die Rahmen vor (siehe Schritt 5).

Lasst uns darüber sprechen!

Wie entstehen bei dieser Webtechnik die neuen Farben?

Kann der Anschein anderer Farben erweckt werden, wenn man verschieden gefärbte Transparentpapiere direkt nebeneinander verarbeitet?

(Das Auge scheint Farben von sich aus mischen zu können. Wenn rotes neben gelbem Papier verwoben wird, kann auf Entfernung der Eindruck von orange entstehen.)

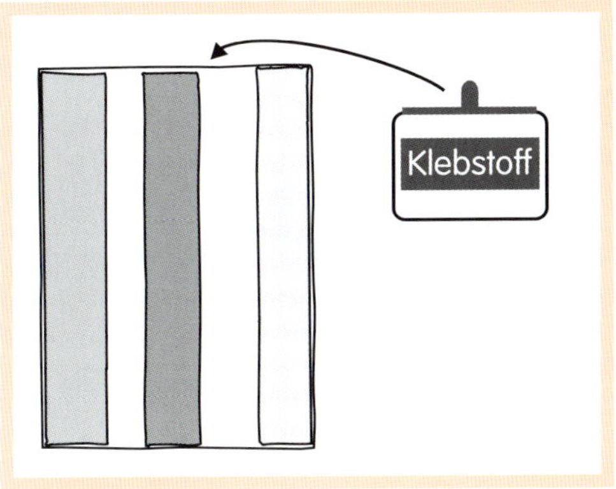

Schritt 2

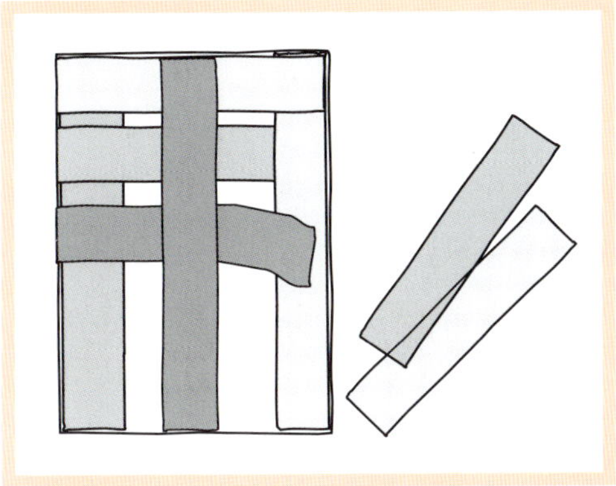

Schritt 3

Schritt 5

Schritt 6

Schritt für Schritt

1 Die Schüler legen das weiße Blatt Papier hochkant auf den Tisch.

2 Sie kleben die langen roten, blauen und gelben Transparentpapierstreifen am oberen Ende des weißen Blatts nebeneinander als Kettfäden fest. (Nur die oberen Enden ankleben!)

3 Die Schüler weben mit den kürzeren Transparentpapierstreifen durch die Kette, zuerst gelb, dann rot, dann blau, wiederum rot und zum Schluss gelb. Diese Streifen sind die Schussfäden. Lassen Sie die Schüler die Enden jedes Streifens an das weiße Blatt Papier kleben, um ein Verschieben zu verhindern.

4 Wenn alle Querstreifen verwoben und festgeklebt sind, kleben die Schüler die unteren Enden der Kettfäden unten am Papier fest.

5 Die Schüler markieren einen 2,5 cm breiten Rand entlang der Kanten des farbigen Tonpapiers. Sie schneiden das Innere heraus, um einen Rahmen für das Bild herzustellen.

6 Die Schüler kleben den Rahmen auf die Webarbeit.

7 Lassen Sie die Schüler das fertige Objekt gegen das Licht halten, um zu sehen, wie zwei Primärfarben an der Stelle, an der sie sich kreuzen, eine Sekundärfarbe ergeben. Rot und Gelb ergeben Orange, Gelb und Blau Grün, aus Blau und Rot entsteht Violett.

Bildermappen

Wir stellen eine Bildermappe aus verwobener Wellpappe her.

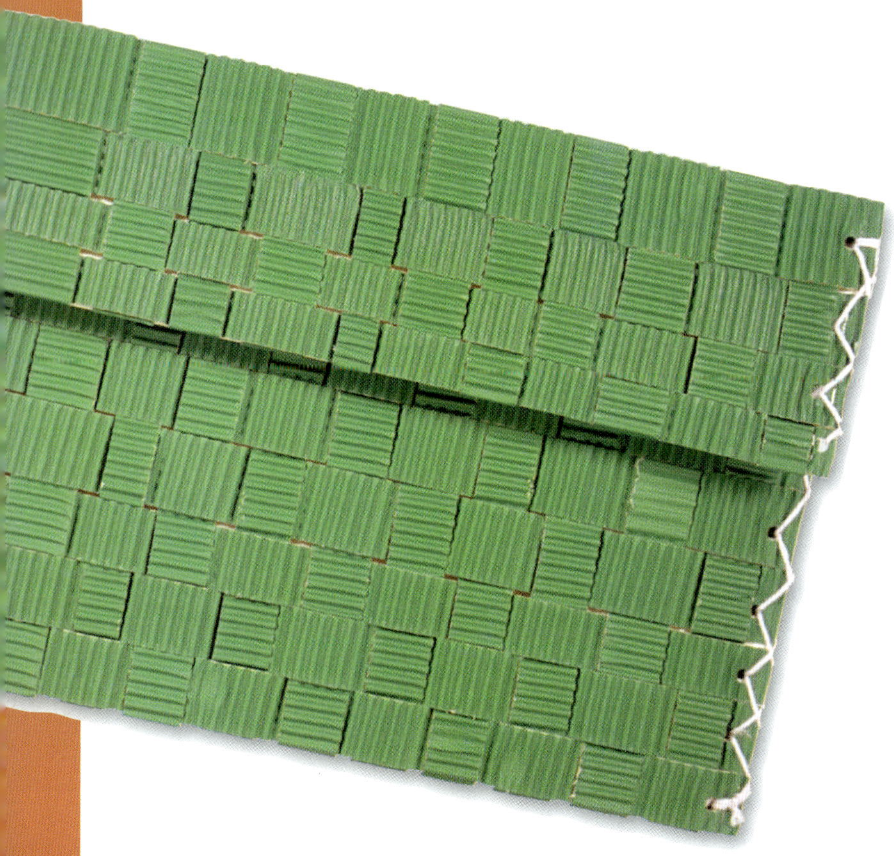

Wortschatz

Oberflächenstruktur

Kette/Kettfäden

Schuss/Schussfäden

Material

- Wellpappestreifen 5 × 50 cm und 5 × 70 cm
- 1 Plakatkarton (50 × 70 cm) pro Mappe
- Heftmaschine
- Klebepistole mit Klebstoff (optional)
- Lochzange
- Zwirn

Hinweise

- Bei diesem Projekt wird viel Platz benötigt, es bietet sich daher an mit den Schülern auf dem Boden zu arbeiten.

Lasst uns darüber sprechen!

Mit welchen Materialien kann man weben?

Was stellt hier den Webrahmen dar?

Wie entsteht das Muster?

Inwiefern ähneln sich Nähen und Weben?

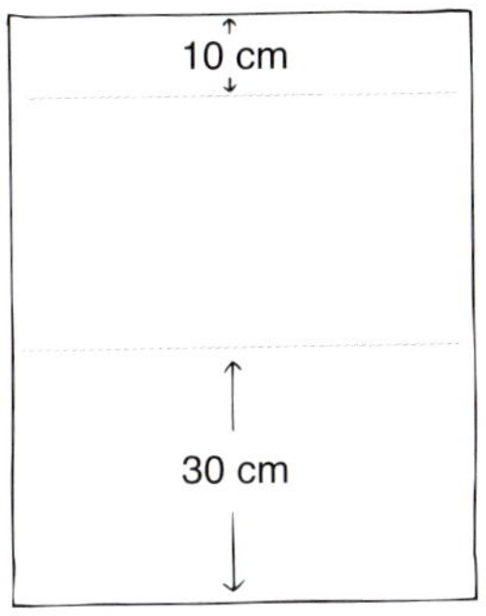

Schritt 1

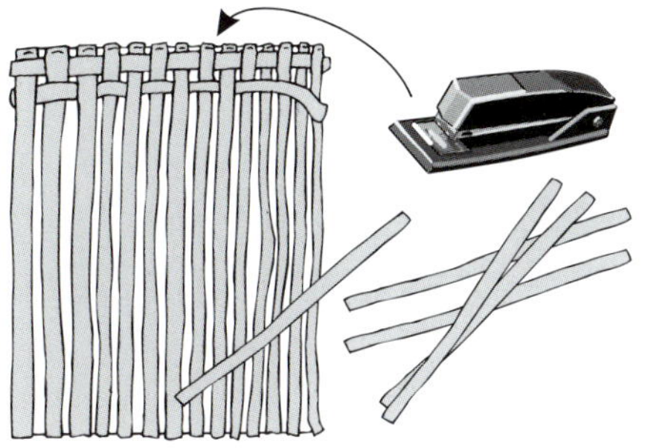

Schritte 2 und 3

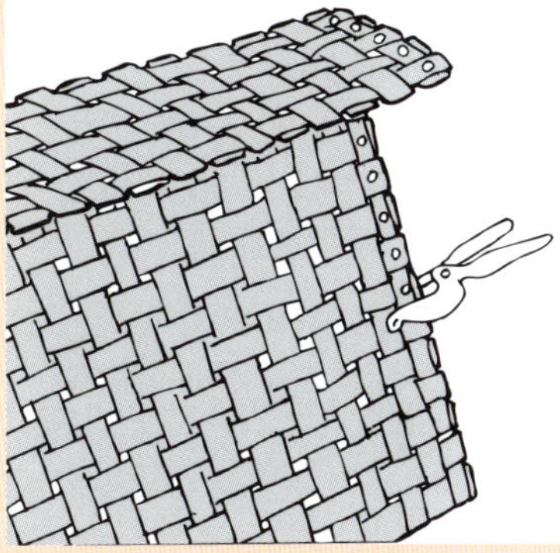

Schritte 5 und 6

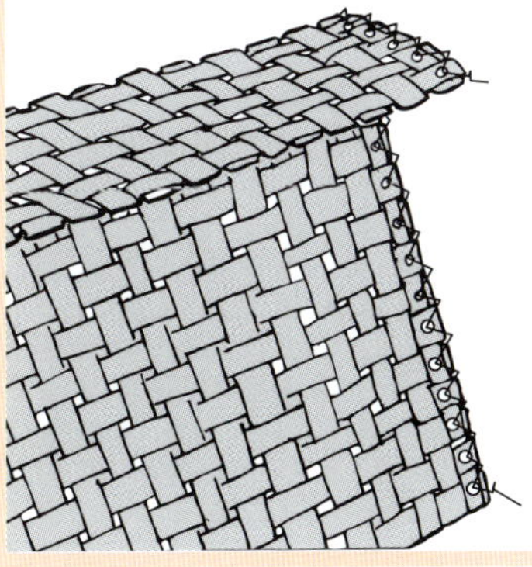

Schritt 7

Schritt für Schritt

1 Die Schüler legen den Plakatkarton im Hochformat auf eine ebene Fläche. Sie messen vom oberen Ende her 10 cm ab und ziehen eine Linie. Das wird die Klappe. Die Schüler ziehen dann eine weitere Linie 30 cm vom unteren Rand. Das ist der Falz, der die Tasche der Mappe bildet. Nun wird der Plakatkarton umgedreht.

2 Lassen Sie die Schüler die langen Wellpappestreifen mit der gewellten Seite nach oben nebeneinander am oberen und unteren Ende des Plakatkartons festklammern. (Zu lange Streifen stehen oben über.)

3 Die Schüler weben die kürzeren Wellpappestreifen, die die Schussfäden bilden, durch die Kette. Mit der gewellten Seite nach oben ergibt sich ein Muster wie in der Abbildung auf Seite 38. Es sieht aber auch interessant aus, wenn die Schussfäden mit der glatten Seite nach oben verwendet werden. Die Schüler schieben jeden Streifen direkt an den vorherigen und klammern ihn fest. Ein Schachbrettmuster der Strukturen zeigt sich.

4 Wenn die Schüler sämtliche Streifen verarbeitet haben, wenden sie die Arbeit, biegen überstehende Stücke um und kleben oder klammern diese fest.

5 Die Schüler falten die Bildermappe entlang der Linie, die 30 cm vom unteren Ende entfernt ist. Die Klappe bleibt noch offen.

6 Während ein Partner oder Helfer die Seiten zusammenhält, stanzen die Schüler entlang der seitlichen Kanten Löcher durch beide Lagen. Für jüngere Schüler wird wegen des notwendigen Kraftaufwands ein Erwachsener die Löcher stanzen müssen.

7 Die Schüler binden den Zwirn an einer Seite fest und nähen die Seiten zusammen. Sie falten die Klappe nach unten, um die Bildermappe zu schließen. (In der Abbildung auf Seite 38 ist die Klappe zusätzlich mit Stichen verziert.)

Lesezeichen weben

Wir weben ein Lesezeichen aus Wolle.

Lasst uns darüber sprechen!

Wie unterscheidet sich dieser Webrahmen aus Karton von einem Teppichwebrahmen?

Was ist beim Weben und Malen ähnlich?

Wortschatz

Kette
Schuss
Musterbildung
Schiffchen
Webrahmen

Material

- Webrahmen aus Karton (siehe unten)
- Wollfäden in 2,25 m Länge, pro Schüler zwei verschiedene Farben
- Plastikgabeln, für jeden Schüler eine
- Schere
- Metermaß

Hinweise

- Wenn möglich, zeigen Sie Bilder von Webereien aus verschiedenen Kulturen oder besuchen Sie mit den Schülern ein Museum. Dieses Projekt eignet sich als Ergänzung zur Behandlung verschiedener Kulturen in anderen Fächern.

Webrahmen aus Karton herstellen

Schneiden Sie den Karton in 13 × 20 cm große Stücke. Schneiden Sie an jedem Ende mit der Schere mindestens sechs 0,5 cm lange Kerben ein.

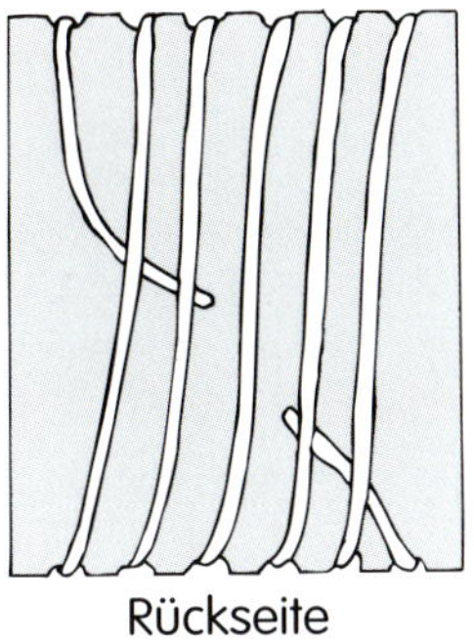

Schritt 2

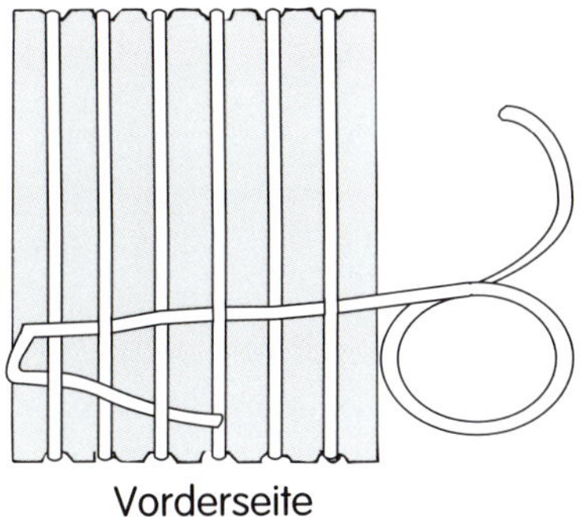

Schritt 3

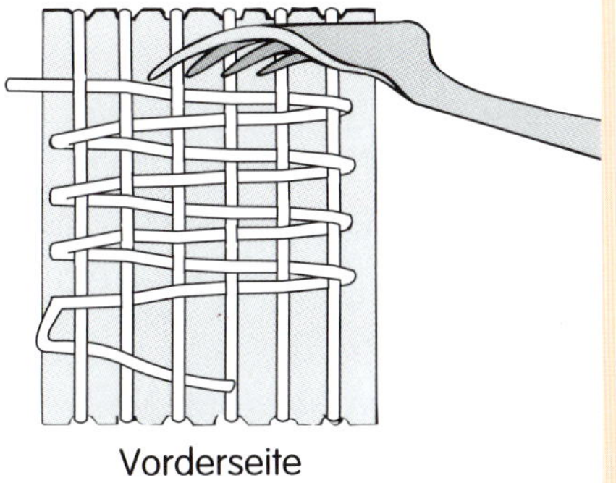

Schritt 5

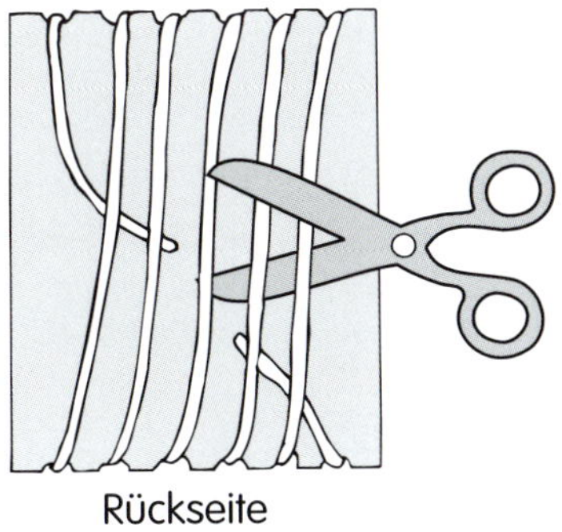

Schritt 7

Schritt für Schritt

1 Kleben Sie das Metermaß auf den Tisch. Lassen Sie die Schüler die Farben auswählen, die sie verwenden möchten. Sie müssen die Wolle mithilfe des Metermaßes abmessen und in 2,25 m lange Stücke schneiden. Die Schüler sollten eine Farbe für die Kette, eine andere für die Schussfäden verwenden.

2 Die Schüler halten die Wolle mit einem Finger etwa in der Mitte des Rahmens fest und binden sie von oben nach unten um den Rahmen, wobei sie jede Kerbe nutzen. (Wenn sie mit dem Weben fertig sind, können sie den Kettfaden abschneiden und ein paar Zentimeter hängen lassen, sodass er sich nicht löst.)

3 Nun beginnen die Schüler, den Schussfaden einzuweben. Sie fangen in der Mitte der Kette an und weben mit dem Finger als Schiffchen durch die Kette.

4 Die Schüler weben weiter. Sie führen die Wolle durch die Kettfäden vor und zurück, wobei der Schussfaden abwechselnd über und unter der Kette verläuft.

5 Nach jedem Durchgang schieben die Schüler die Wolle sorgfältig mit der Gabel zusammen.

6 Wenn die Schüler fertig sind, weben sie das letzte Stückchen Wolle so durch die Kette, dass es in der Mitte endet. Das verhindert, dass sich die Wolle löst, ohne dass sie knoten müssen.

7 Um den Webrahmen zu entfernen, drehen die Schüler ihn um und schneiden die Kette in der Mitte durch. Sie binden die Fäden an jedem Ende mit einem zusätzlichen Wollfaden zusammen.

Körbchen aus Papier

Wir weben Papierkörbchen und verwenden unterschiedliche Tonabstufungen einer Farbe.

Lasst uns darüber sprechen!

Wie unterscheidet sich das Weben eines Körbchens vom Weben einer Decke?

Was ist beiden gemeinsam?

Wie entsteht Abwechslung, selbst wenn man nur eine Farbe verwendet?

Wortschatz

Kette

Schuss

weben

monochromatisch

Material

- Tonpapier 21 × 21 cm
- Tonpapierstreifen 2,3 × 30 cm
- Leim oder Klebstoff
- Lineal
- Bleistift
- Schere
- Heftmaschine

Hinweise

- Diese Körbchen nehmen nicht zu viel Platz weg, sind aber trotzdem sehr nützlich. Verwenden Sie sie im Klassenzimmer für Wachsmalstifte, Kreide, Spielsteine etc.
- Falls Sie den Begriff monochromatisch einführen möchten, ist es sinnvoll, den Schülern weiße Papierstreifen, Deckfarben, Pinsel und Wasser zu geben, sodass sie die Streifen in verschiedenen Abstufungen einer Farbe anmalen können.

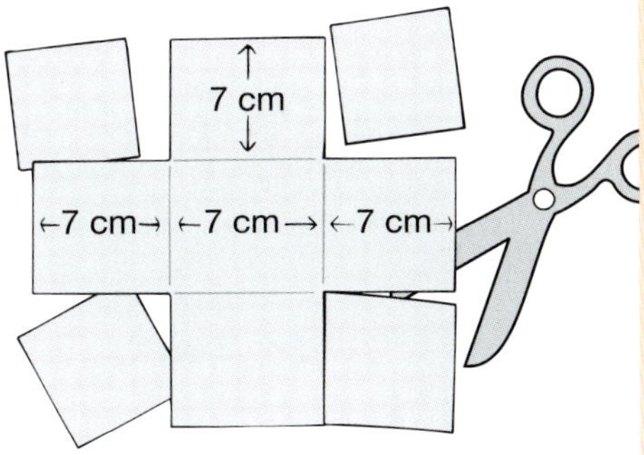

Schritt 1

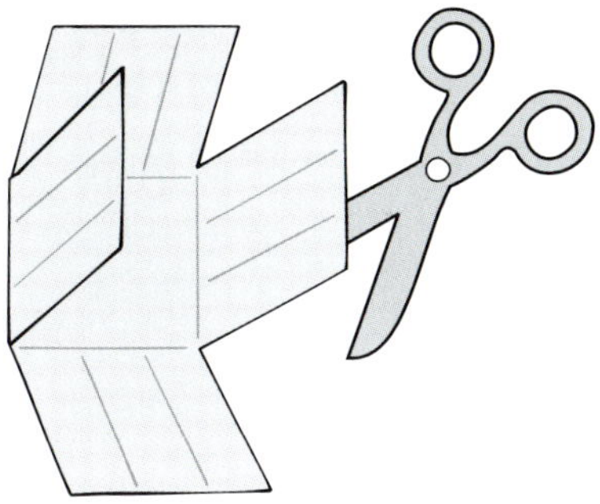

Schritt 2

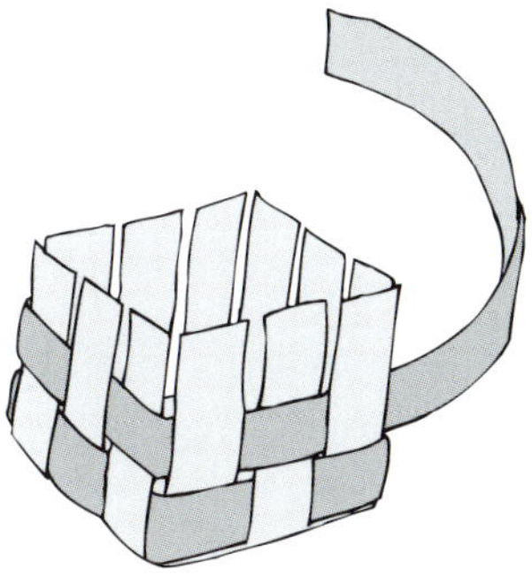

Schritt 4

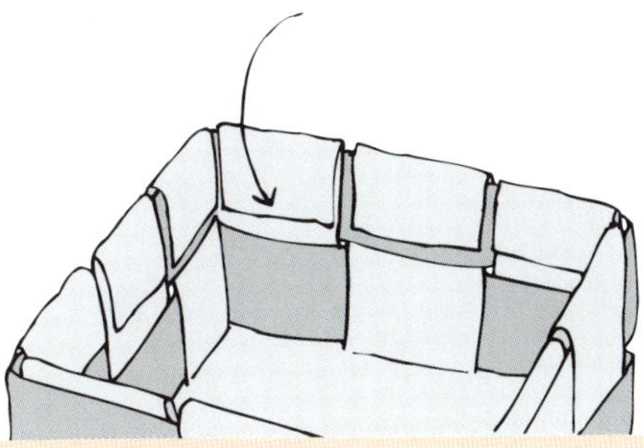

Schritt 5

Schritt für Schritt

1 Die Schüler legen das Tonpapier flach auf den Tisch. Sie messen von jeder Kante des Papiers 7 cm ab und ziehen mit dem Bleistift Linien. Sie schneiden die Eckquadrate aus.

2 Die vier überstehenden Teile bilden die Seiten des Körbchens. Die Schüler schneiden die Seitenteile von der Außenkante zur Innenlinie in 2,3 cm breite Streifen. Auf jeder Seite ergeben sich drei Streifen, die am Quadrat in der Mitte befestigt sind.

3 Die Schüler biegen diese Streifen hoch. Sie dienen als Kette für die Seiten des Körbchens.

4 Die 2,3 cm breiten und 30 cm langen Streifen bilden die Schussfäden. Die Schüler beginnen am unteren Rand und weben zwischen den Kettfäden hin und her. Lassen Sie sie nach jeder Reihe die Enden zusammenkleben, um ein Verrutschen zu verhindern. Die Schüler weben weiter, bis sie den oberen Rand des Körbchens erreicht haben.

5 Die Schüler falten die Enden der Kettfäden um und kleben einen weiteren Streifen innen in das Körbchen, um den Rand zu stabilisieren.

6 Wenn sie wollen, bringen die Schüler einen Henkel aus Tonpapier an.

Was ist eine monochromatische Farbzusammenstellung?

Monochromatisch bezieht sich auf die Verwendung einer einzigen Farbe. Diese Farbe kann aber in verschiedenen Tonabstufungen vorliegen. Die Schüler können ein helles und ein dunkles Grün wählen oder zwei Blautöne. Es ist wichtig zu erkennen, dass auch eine monochromatische Farbzusammenstellung interessant und abwechslungsreich sein kann.

Besen binden

Wir binden einen Besen und lernen dabei dreidimensionale Webtechniken.

Lasst uns darüber sprechen!

Besen binden ist ein altes Kunsthandwerk, das fast vergessen ist. Vor langer Zeit entwickelten Besenbinder Techniken, um Besen für die verschiedensten Aufgaben im Haushalt herzustellen.

Welche Materialien könnten sie verwendet haben?

Was ist in diesem Beispiel der Webrahmen?

Was sind hier Kette, Schuss und Schiffchen?

Wortschatz

Doppelknoten

Schiffchen

Kette

Schuss

Material

- Besenstroh in verschiedenen Längen (ca. 30 bis 40 cm)
- stabile Hecken- oder Gartenschere
- Schnur, Garn oder Sisal in 80 cm und 65 cm Länge

Hinweise

- Besen können aus Stroh, harten Gräsern oder Reisig hergestellt werden (auch im Bastelladen erhältlich).
- Sichern Sie während des Webens die Strohbündel mit Gummibändern oder Wäscheklammern, die Sie zum Schluss entfernen.
- Bei diesem Besen sind Stiel und Besen aus einem „Guss". Der Stiel wird abgebunden.

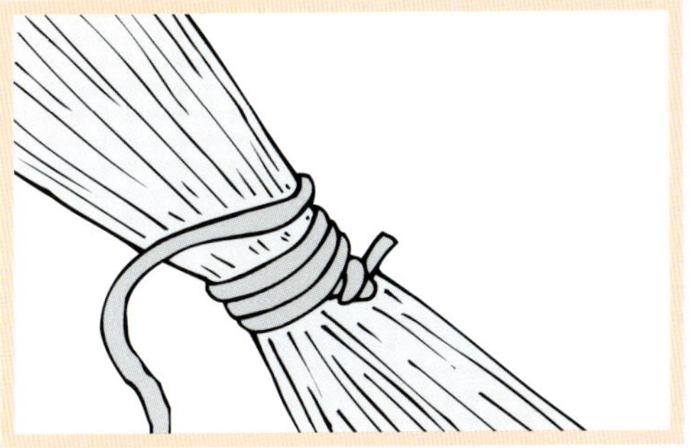

Schritte 1 und 2

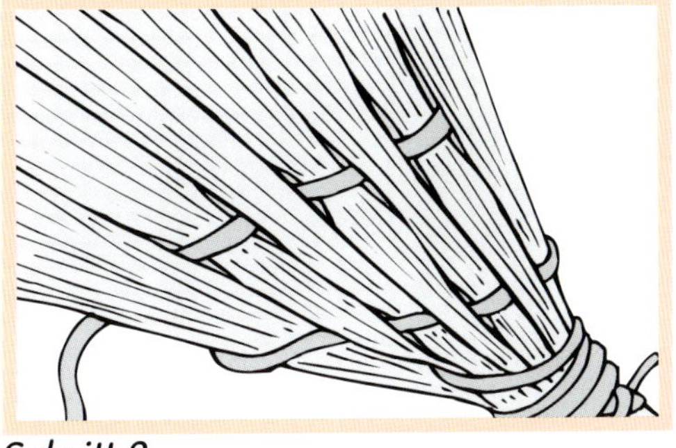

Schritt 3

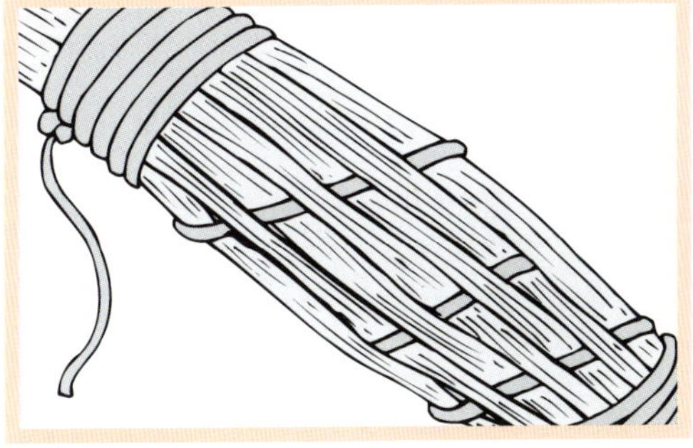

Schritt 4

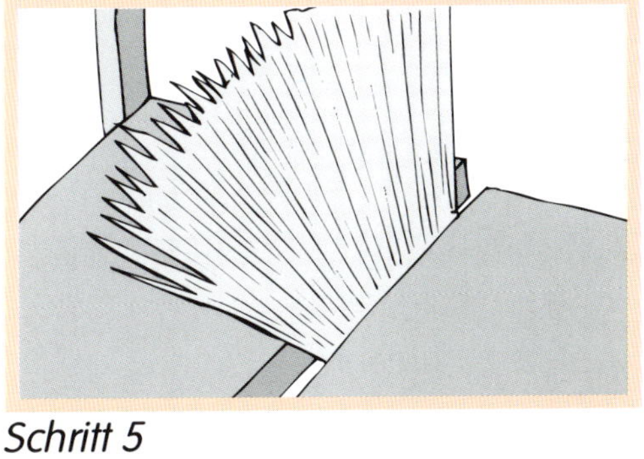

Schritt 5

Schritt 6

Schritt für Schritt

1 Die Schüler fassen ein Bündel Stroh. Sie klopfen das Stroh auf den Tisch, um ein Ende des Bündels flach und gleichmäßig zu bekommen. Sie nehmen das längere Stück Schnur und legen es 13 cm vom flachen Ende entfernt um das Bündel und binden das Stroh mit einem Doppelknoten (siehe Seite 47) zusammen.

2 Nun wickeln die Schüler die Schnur viermal zum flachen Ende hin um das Strohbündel. Das ist der Anfang des Besenstiels.

3 Die Schüler teilen den künftigen Stiel in sieben Bündel und beginnen zu weben. Sie wickeln die Schnur über die einzelnen Bündel hinweg und unter ihnen hindurch. Dabei arbeiten sie in Richtung Stielende.

4 Die Schüler wickeln etwa 5 cm vom Stielende entfernt die Schnur viermal um den Stiel und machen einen Knoten. (Es sollte genug Schnur für eine Aufhängeschlaufe überstehen.)

5 Lassen Sie die Schüler den Besen zwischen zwei Stühlen flachdrücken und den Besen mit den Fingern in fünf bis acht gleichmäßige Bündel teilen.

6 Die Schüler weben dann das kürzere Stück Schnur zwischen den einzelnen Bündeln hindurch. Die Schnur fixieren sie mit einem Knoten. Der Besen wird noch stabiler, wenn sie anschließend eine weitere Reihe weben.

7 Zum Schluss schneiden die Schüler den Besen mit der Garten- oder Heckenschere auf gleiche Länge.

Flechtanleitung

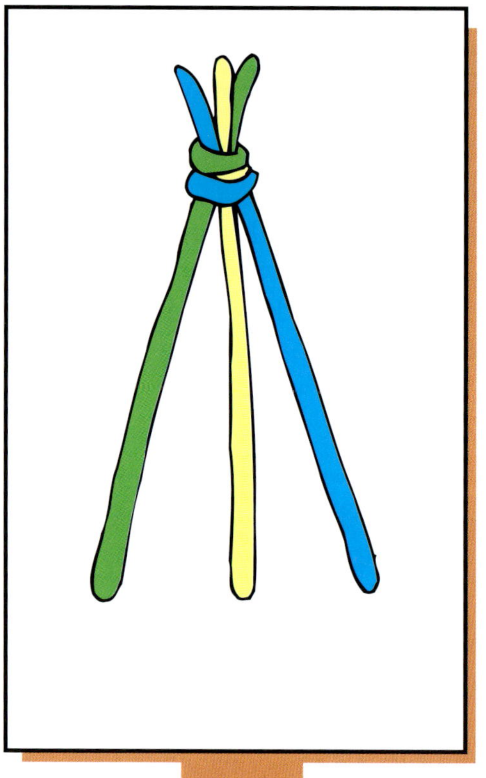

1

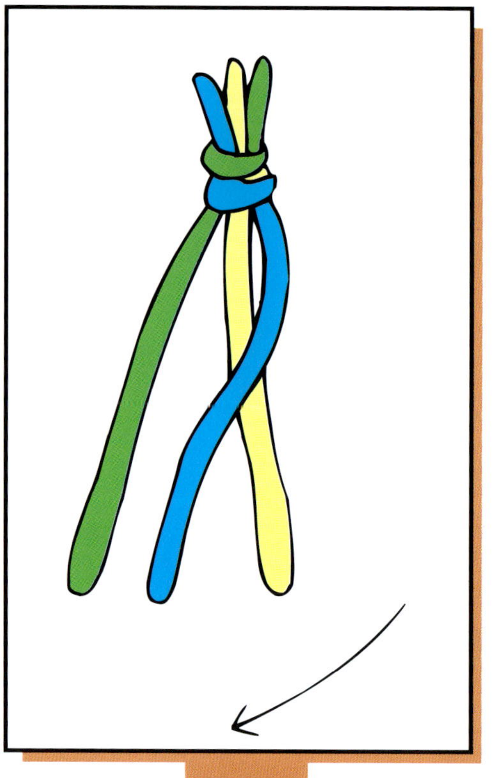

2

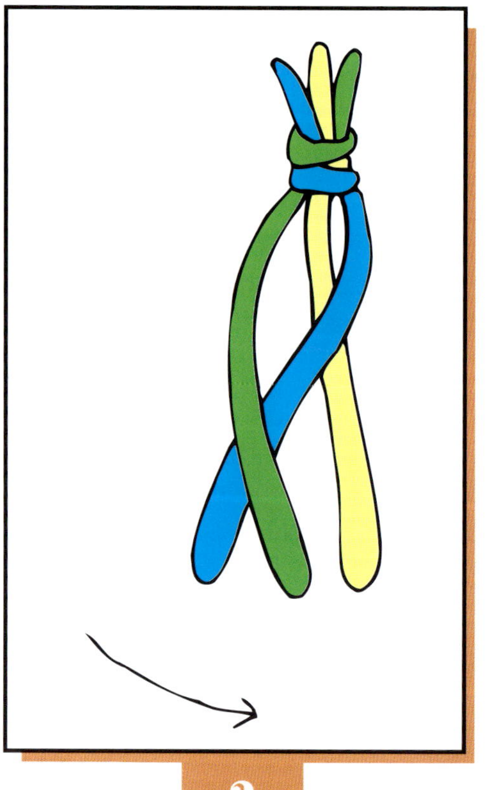

3

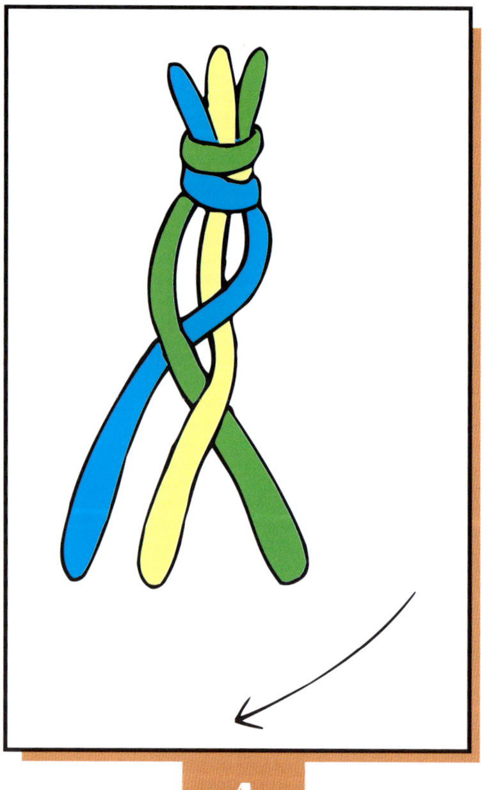

4

Doppelknoten binden

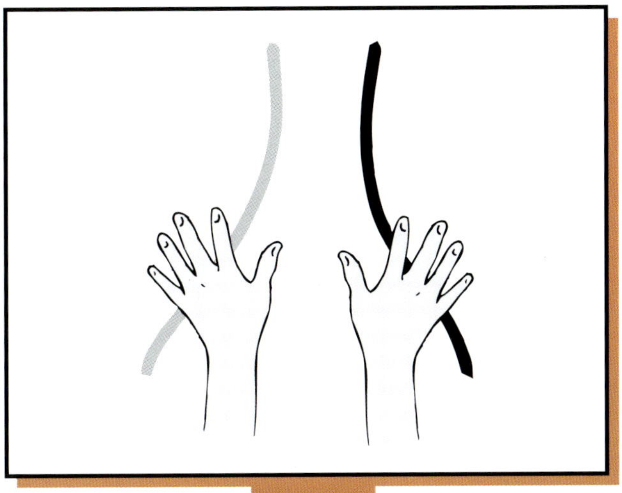

1

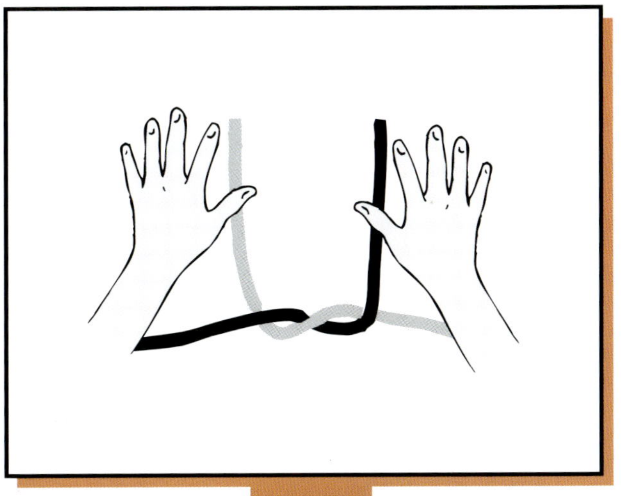

2

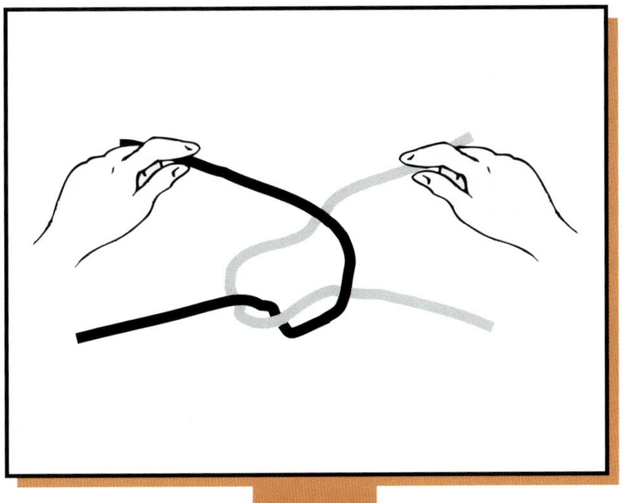

3

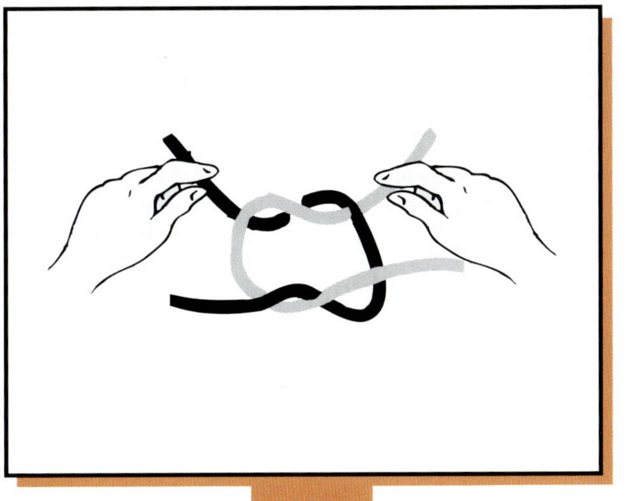

4

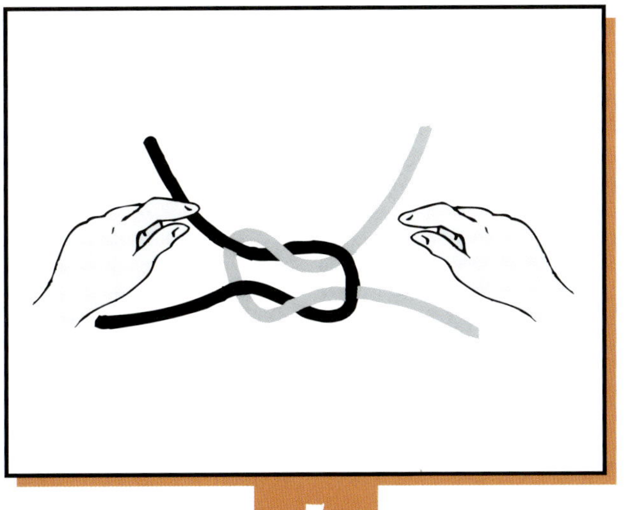

5

Teile eines Webrahmens

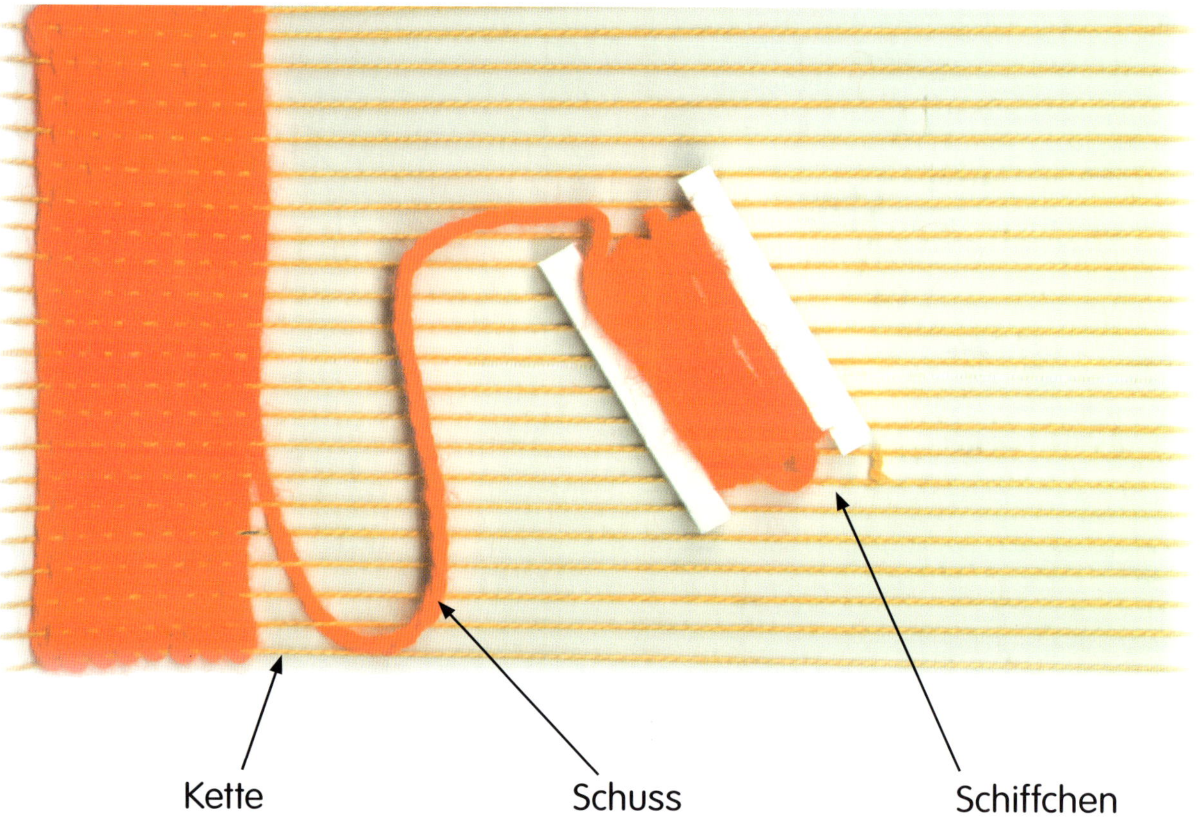

Kettfäden werden auf einen Webrahmen gespannt.

Schussfäden werden auf ein Schiffchen gewickelt.

Das **Schiffchen** läuft zwischen den Kettfäden hindurch immer auf und ab, jeweils über bzw. unter einem Kettfaden, in der nächsten Reihe umgekehrt. Dadurch entsteht die gewebte Oberfläche.

Grundmuster (auch Grundbindungen)

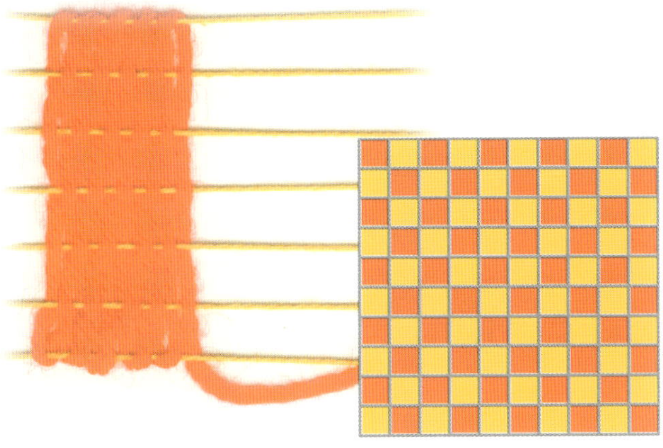

Leinwandbindung

Ein regelmäßiges Muster entsteht, wenn der Schussfaden **über** einen Kettfaden springt und **unter** dem nächsten Kettfaden durchgeschossen wird.

Köperbindung

Ein diagonales Muster entsteht, wenn der Schussfaden über einen Kettfaden springt und unter den nächsten zwei Kettfäden durchgeschossen wird. Jeder folgende Schussfaden wird um einen Kettfaden versetzt.

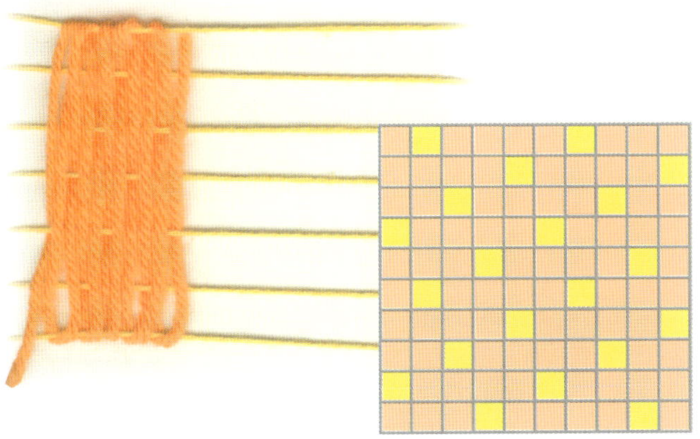

Atlasbindung (auch Satinbindung)

Eine glatte Oberfläche entsteht, wenn der Schussfaden jeweils über einen Kettfaden springt und unter den nächsten vier Kettfäden durchgeschossen wird.

Jeder folgende Schussfaden wird um zwei Kettfäden versetzt.

Arbeiten mit Ton

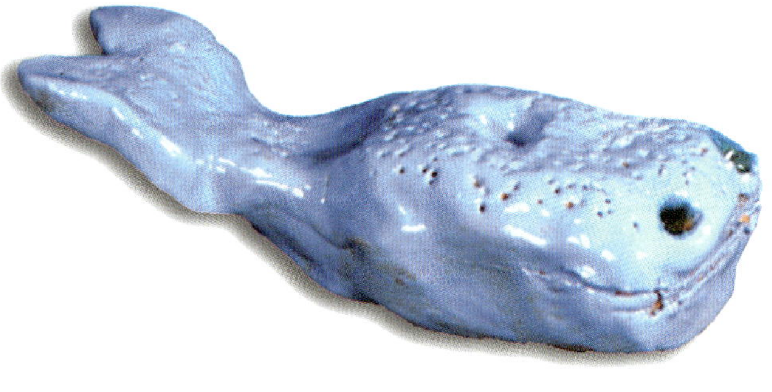

Ton schneiden

Ton bekommt man üblicherweise in 10 kg-Blöcken in Folie. Er beginnt zu trocknen, sobald er mit Luft in Berührung kommt. Wenn Sie mehr abgeschnitten haben, als Sie benötigen, verpacken Sie die Reste einfach in dicht verschlossenen Plastiktüten.

Bewahren Sie Ton immer an einem trockenen, kühlen Ort auf. Reste können Sie in einem Eimer Wasser lagern.

Falls Sie keinen Tonabschneider (Draht zwischen zwei Griffen) haben, verwenden Sie gewöhnlichen Draht oder eine Angelschnur, um den Ton zu schneiden. Benutzen Sie kein Messer. Wenn Sie mit einer großen Klasse arbeiten, schneiden Sie den Ton vorher. Bis zu einer halben Stunde vor Unterrichtsbeginn ist kein Problem. Legen Sie die einzelnen Stücke auf ein Tablett oder eine strapazierfähige Unterlage und bedecken Sie sie mit nassen Papierhandtüchern.

Achten Sie darauf, dass die Schüler den Teil des Tons, den sie gerade nicht bearbeiten, immer mit feuchten Tüchern abdecken.

Übermäßige Bearbeitung kann ebenso zum Austrocknen führen.

Zehn Tipps für das Arbeiten mit Ton

1. Legen Sie alles bereit, was Sie benötigen. Wenn Ihnen erst einfällt, dass Sie eine Schürze anziehen sollten, wenn Ihre Hände bereits mit Ton verschmiert sind, ist das der falsche Zeitpunkt.

2. Untersuchen Sie den Ton auf Luftblasen. Lufteinschlüsse können sich im Brennofen ausdehnen und Ihr Werk zerstören. Wenn der Ton Luftblasen enthält, schlagen Sie ihn mindestens fünf Minuten gut durch. Drücken Sie dazu mit den Handflächen leicht auf den Ton, etwa als wenn Sie Brot kneten. Stechen Sie niemals mit den Fingern in den Ton oder drücken ihn zusammen und falten ihn. Das ist eine sichere Methode, um Luftblasen zu erzeugen.

3. Benutzen Sie einen Teigroller oder eine Walze, um den Ton auszurollen. Um eine gleichmäßige Dicke sicherzustellen, legen Sie vor dem Ausrollen auf beide Seiten Gegenstände (z. B. Bretter) in der gewünschten Stärke.

4. Fertigen Sie Tonschlicker an, bevor Sie an Projekte gehen, bei denen Stücke angesetzt werden müssen. Schlicker ist mit Wasser verdünnter Ton mit der Konsistenz von Kuchenteig. Verwenden Sie niemals pures Wasser, um Stücke zu befestigen. Schlicker wirkt wie Klebstoff, der die verschiedenen Lagen zusammenhält.

5. Wenn Sie Stücke miteinander verbinden, rauen Sie immer beide Teile auf (anritzen oder mit einer Gabel einstechen) und verwenden Sie Schlicker.

6. Befeuchten Sie den Ton mit Wasser, wenn Risse auftreten. Machen Sie ihn aber nicht zu nass, da das Objekt sonst länger zum Trocknen braucht.

7. Benutzen Sie einen feuchten Schwamm, um Unebenheiten und Risse zu glätten.

8. Legen Sie einen stabilen Karton, der mit einem sauberen Stück Papier (kein Zeitungspapier) bedeckt ist, auf die Arbeitsfläche. Wenn das Objekt fertig ist, lässt sich das Papier leicht abziehen. Wenn Sie direkt auf dem Karton arbeiten, könnte das Objekt daran festkleben. Der Karton dient als Tablett, wenn die Arbeit an einen anderen Platz getragen werden muss.

9. Stellen Sie sicher, dass das Werkstück ganz trocken ist, bevor Sie es brennen. Wenn es sich kühl anfühlt, enthält es immer noch Feuchtigkeit und wird beim Erhitzen explodieren. Durchgetrockneter Ton fühlt sich warm an.

10. Wenn das Gefäß für unverpackte Lebensmittel wie Suppen, Getränke o. Ä. gedacht ist, stellen Sie sicher, dass die verwendete Glasur ungiftig und bleifrei ist.

Verschiedene Töpferwaren

Es gibt verschiedene Möglichkeiten, Tongefäße zu formen:

Quetsch- oder Drücktechnik

Der Ton wird durch Drücken, Biegen, Stauchen, Quetschen und Ziehen geformt. Diese Technik ist für jüngere Schüler und alle, die noch nie mit Ton gearbeitet haben, am besten geeignet, da absolut nichts schief gehen kann (siehe S. 58).

Wulsttechnik

Bei dieser so genannten Aufbautechnik werden Wülste aneinander gesetzt. Diese Technik ist sehr beliebt, da jede gewünschte Form möglich ist, und den meisten Schülern macht es viel Spaß, die schlangenähnlichen Wülste oder Bänder zu rollen (siehe Seite 60).

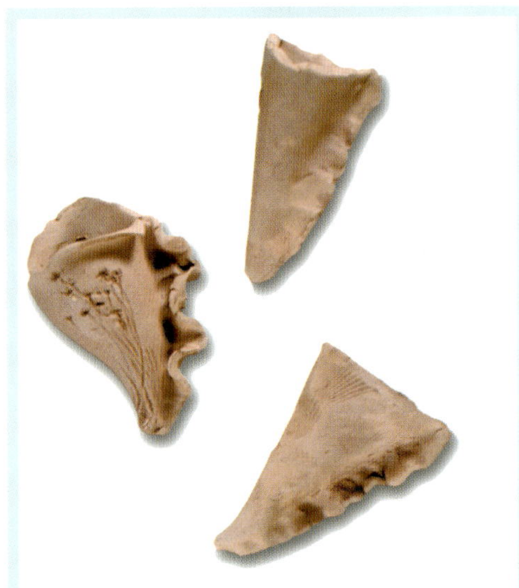

Plattentechnik

Hierbei handelt es sich ebenfalls um eine Aufbautechnik, aber die Ergebnisse unterscheiden sich deutlich (siehe S. 62). Es werden Platten aneinander gesetzt.

Drehkeramik

Bei dieser Technik wird mit der Töpferscheibe gearbeitet. Der Ton wird mit den Händen und Wasser geformt, während sich die Töpferscheibe dreht. Viele Volkshochschulen und Töpfereien bieten entsprechende Kurse an.

Falsche Fossilien

Wir gestalten falsche Fossilien und erlernen dabei Techniken der Tonbearbeitung.

Wortschatz

Brennofen

Fossil

unecht/falsch

Material

- Ton
- Zeitungspapier
- stabiler Karton, mit sauberem Papier abgedeckt
- Teigroller, evtl. Bretter
- Muschelschalen, Blätter, Blumen, Fische aus Kunststoff etc.
- Magnete (optional)
- Zugang zu einem Brennofen

Hinweise

- Um das anschließende Saubermachen zu erleichtern, bedecken Sie die Arbeitsfläche mit Zeitungspapier. Das Objekt wird immer auf einem Stück stabilen Karton, der mit sauberem Papier bedeckt ist, hergestellt.
- Kümmern Sie sich nicht um die Form der „Fossilien".
- Wenn Sie einen Magneten auf die Rückseite kleben, erhalten Sie einen einzigartigen Kühlschrankmagneten.

Lasst uns darüber sprechen!

Wie entstehen echte Fossilien?

Wie unterscheidet sich Ton von Modelliermasse aus Kunststoff?

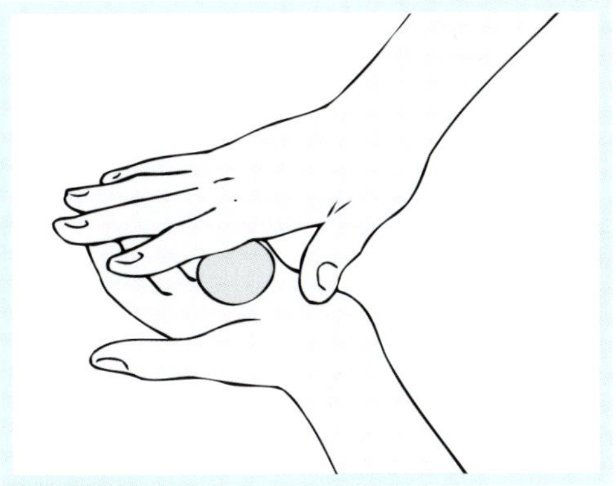

Schritt 2

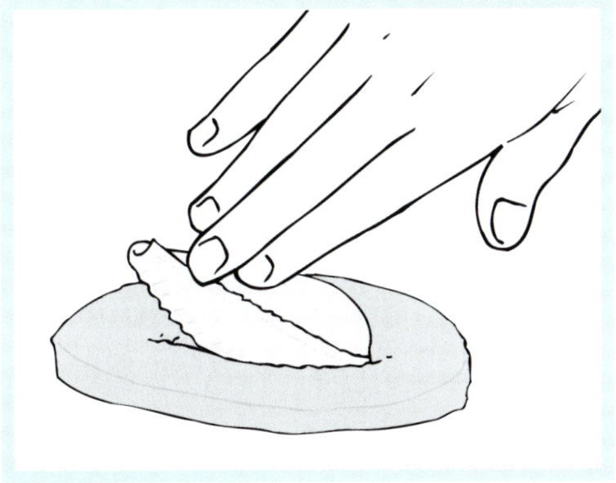

Schritt 3

Schritt für Schritt

1 Schneiden Sie für jeden Schüler ein Stück Ton ab. Das Stück sollte groß genug für mehrere „Fossilien" sein.

2 Die Schüler trennen von dem Stück Ton eine kleinere Menge ab. Sie formen eine Kugel und rollen den Ton anschließend mit einem Teigroller auf ungefähr 1,25 cm Dicke aus. Die Form kann unregelmäßig sein.

3 Die Schüler legen eine Muschelschale, ein Schneckenhaus oder ein anderes Objekt, von dem sie einen Abdruck erhalten wollen, auf den Ton. Sie drücken das Objekt vorsichtig mit der Hand oder dem Teigroller fest.

4 Die Schüler heben ihr Objekt hoch, um zu sehen, ob der Abdruck tief genug ist.

5 Lassen Sie den Ton gründlich trocknen und brennen Sie ihn.

Wie man Ton ausrollt

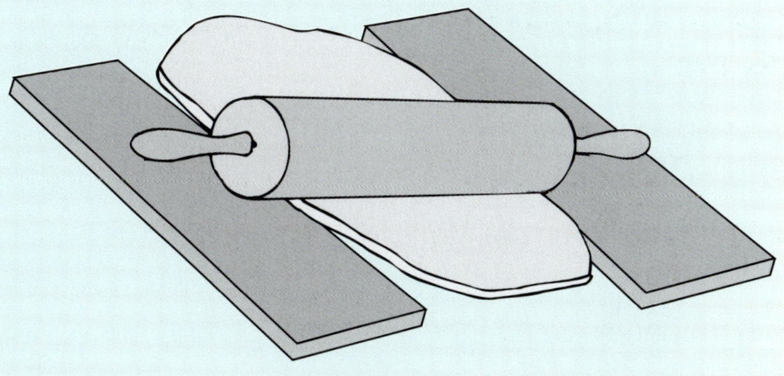

Tonperlen

Wir stellen Perlen aus Ton für Ketten oder als Dekoration für Kostüme her.

Wortschatz

Glasur

Oberflächenstruktur

Material

- Ton
- Zeitungspapier
- stabiler Karton, mit sauberem Papier bedeckt
- Teigroller
- Plastikgabel
- Zahnstocher
- Band, um die Perlen aufzuziehen
- Glasuren oder Farben
- Zugang zu einem Brennofen

Hinweise

- Bedecken Sie den Arbeitsbereich mit Zeitungspapier und bereiten Sie ausreichend große Karton-Arbeitsflächen vor.
- Ton schrumpft, wenn er trocknet. Achten Sie deshalb darauf, die Löcher in den Perlen groß genug zu machen, damit die Perlen hinterher auch auf das vorgesehene Band gefädelt werden können.

Lasst uns darüber sprechen!

Beschreibe, wie der Ton sich in deiner Hand anfühlt. Fühlt er sich kühl, feucht oder trocken an? Ist er hart oder geschmeidig?

Warum modellieren die Menschen immer noch gerne mit Ton?

Inwiefern ähneln sich Modellieren mit Ton und das Malen eines Bildes?

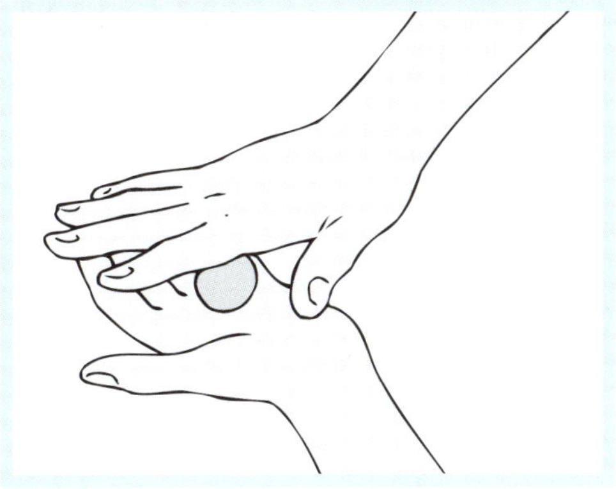

Schritt 2

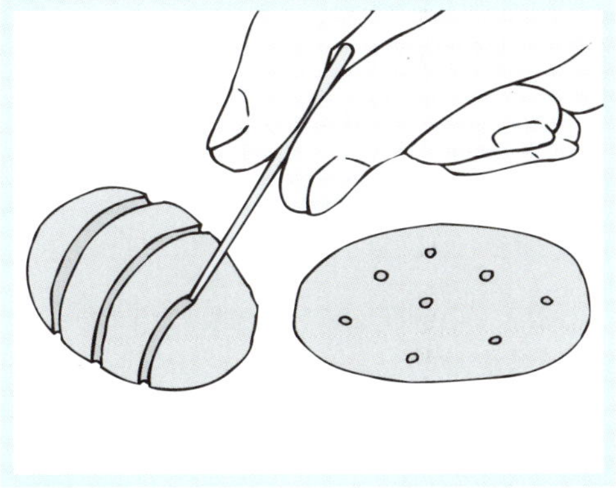

Schritt 3

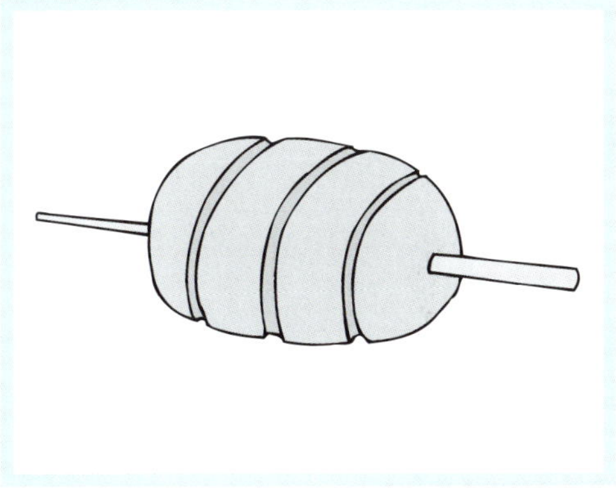

Schritt 4

Schritt für Schritt

1 Schneiden Sie für jeden Schüler ein Stück Ton ab, das für bis zu 12 Perlen reicht.

2 Die Schüler trennen von dem Stück kleinere ab und rollen diese zwischen den Handflächen. So bringen sie die Stücke in die gewünschte Form: rund, länglich, oval, quadratisch.

3 Die Schüler erzeugen mit der Gabel oder dem Zahnstocher einfache Muster.

4 Die Schüler bohren mit dem Zahnstocher ein Loch durch die Perlen. Dabei sollten sie berücksichtigen, dass Ton schrumpft, wenn er trocknet.

5 Lassen Sie die Perlen trocknen und brennen Sie sie.

Oberflächenveredlung

- Perlen aus rotem Ton sind auch ohne Glasur attraktiv.
- Wenn Sie Glasur verwenden, stellen Sie sicher, dass die Perlen im Brennofen nicht den Boden berühren, damit sie nicht festkleben.
- Temperafarben verleihen den Perlen ein primitives Aussehen. Die Farben halten sich gut, wenn sie mit Fixativspray oder Lack behandelt werden.

Einfache Gefäße für Schüler ohne Vorkenntnisse

Wir stellen mit der Drück- oder Quetschtechnik ein einfaches Tongefäß her.

Lasst uns darüber sprechen!

Ton ist sehr geschmeidig. Wie hilft das bei der Herstellung eines Gefäßes?

Welche anderen Dinge außer Gefäßen könnte man mit dieser Methode herstellen?

Wortschatz

Drück- oder Quetschtechnik

Töpferwaren

Material

- Ton
- Zeitungspapier
- stabiler Karton, mit sauberem Papier bedeckt
- Tasse mit Wasser
- Schwamm
- Holzlöffel
- Gabeln, Muschelschalen, Schneckenhäuser, Sackleinen, um eine interessante Oberflächenstruktur zu erzeugen
- Glasuren oder Farben (optional)
- Zugang zu einem Brennofen

Hinweise

- Stellen Sie vor den Augen der Schüler ein Gefäß her. Bei dieser Gelegenheit können Sie die Techniken erklären und auf mögliche Fallen hinweisen.
- Wenn man die Wände des Gefäßes zu dünn macht, wird es instabil. Ein halber Zentimeter ist eine gute Wandstärke.

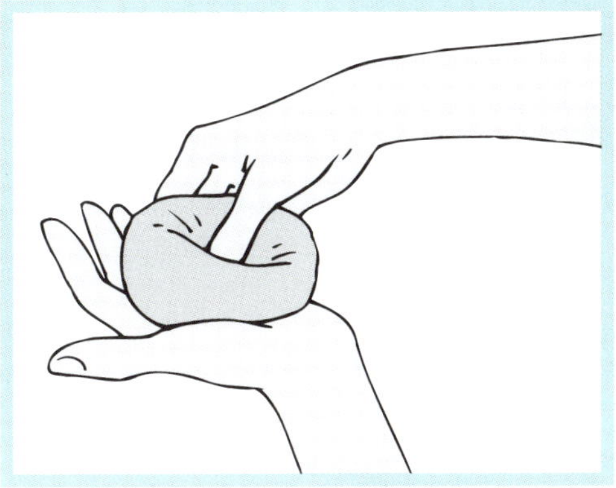

Schritt 2

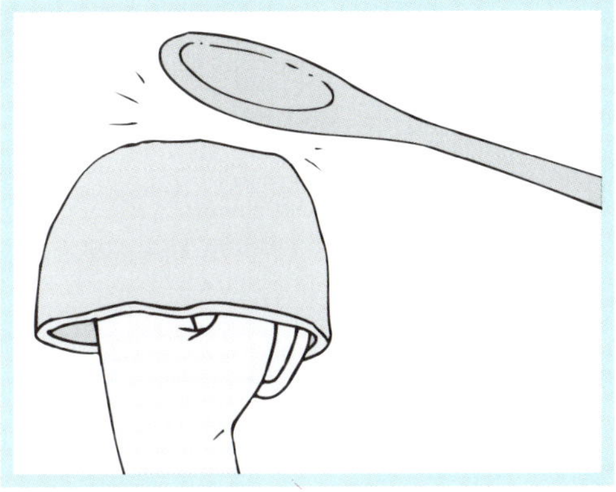

Schritt 3

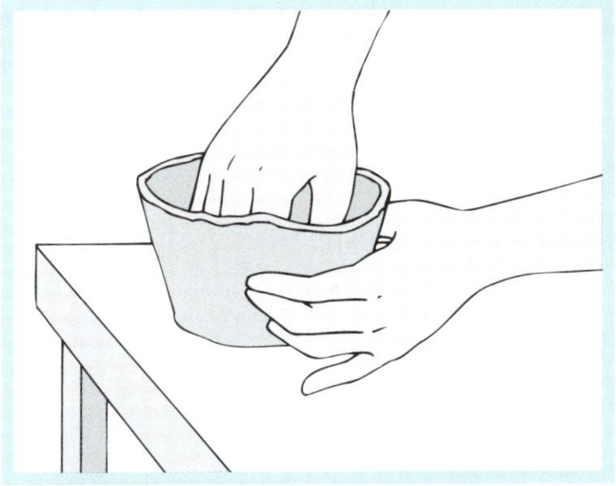

Schritt 5

Schritt für Schritt

1 Schneiden Sie für jeden Schüler ein Stück Ton in der Größe eines Tennisballs ab. Die Schüler rollen den Ton mit der Hand auf einer glatten Oberfläche zu einer Kugel.

2 Die Schüler nehmen die Tonkugel in die eine Hand und drücken mit dem Daumen und den Fingern der anderen Hand ein Loch in die Mitte. Sie formen das Gefäß langsam durch gleichmäßiges Quetschen. Die Wände dürfen nicht zu dünn werden.

3 Etwaige Fingerabdrücke werden mit einem Holzlöffel geglättet. Lassen Sie die Schüler das Gefäß über eine Faust stülpen und vorsichtig mit der flachen Seite eines Löffels beklopfen. Diesen Vorgang nennt man auch Treiben.

4 Der obere Rand des Gefäßes wird unregelmäßig sein. Die Schüler können ihn mit einem Messer ausgleichen oder ihn lassen, wie er ist.

5 Die Schüler stellen das Gefäß auf eine ebene Oberfläche, die mit sauberem Papier abgedeckt wurde. Sie drücken das Gefäß vorsichtig auf, um den Boden zu formen. Das verhindert, dass das fertige Gefäß wackelt.

6 Lassen Sie die Schüler die Oberfläche gestalten indem sie Schalen, Sackleinen etc. von außen andrücken oder mit der Gabel ein Muster ritzen. Sollten sich Risse zeigen, können die Schüler die Oberfläche mit Wasser und einem Schwamm glätten.

7 Wenn das Gefäß vollständig getrocknet ist, stellen Sie es in einen Brennofen und brennen es. Die Schüler können ihr Gefäß glasieren und Sie brennen es noch einmal. Wenn keine Glasur zur Verfügung steht, können die Schüler das Gefäß auch mit Temperafarben bemalen. Die Farbe sollte dann mit Fixativspray oder Lack fixiert werden.

Gefäße aus Wülsten

Wir stellen ein Gefäß mit der Wulsttechnik her.

Wortschatz

aufrauen

glätten

Schlicker

Wulst

Material

- Ton
- Zeitungspapier
- stabiler Karton, mit sauberem Papier bedeckt
- Becher mit Wasser
- Plastikmesser
- Zahnstocher oder Plastikgabel zum Dekorieren der Oberfläche
- Teigroller
- Schlicker (siehe Seite 52, Tipp 4)
- Glasur (optional)
- Holzspatel oder Eisstiel
- Stein zum Glätten
- Zugang zu einem Brennofen

Hinweise

- Führen Sie den Schülern vor, wie man mithilfe der Wulsttechnik ein Gefäß aufbaut. Gleichzeitig können Sie die Techniken zeigen und auf mögliche Schwierigkeiten hinweisen.
- Wenn die Gefäße glasiert für Lebensmittel verwendet werden sollen, denken Sie daran, ungiftige Glasuren zu verwenden.

Lasst uns darüber sprechen!

Wie unterscheiden sich gebrannter und luftgetrockneter Ton?

Wie unterscheiden sich die Wulst- und die Drück- oder Quetschtechnik?

Machen wir uns beim Töpfern genauso Gedanken über Form und Design wie beim Malen?

Schritt für Schritt

1 Die Schüler beginnen mit einem Klumpen Ton von rund 120 g. Sie trennen ein Stück in der Größe eines Golfballs für den Boden des Gefäßes ab und rollen dieses Stück auf 0,5 cm Dicke aus.

2 Die Schüler entscheiden, welche Form der Boden haben soll und schneiden ihn entsprechend mit dem Plastikmesser zu. Sie legen den Boden auf den mit Papier bedeckten Karton. Mithilfe dieses Papiers können sie ihr Werkstück während der Arbeit drehen.

3 Die Schüler trennen ein weiteres Stück Ton in der Größe eines Golfballs ab und formen es zu einer Rolle. Sie sollten von der Mitte nach außen rollen, bis der Wulst etwa fingerdick ist. Wenn der Ton trocken wird, sollten sie ihn zwischendurch mit wenig Wasser anfeuchten.

4 Lassen Sie die Schüler den Boden leicht anfeuchten, die Oberfläche am Rand mit einem Messer einritzen und eine Lage Schlicker auflegen. Anschließend heben die Schüler den Wulst vorsichtig hoch, sodass er sich nicht dehnt, und legen ihn auf den Gefäßboden. Die Schüler reiben mit einem Holzspatel über den Wulst, sodass er sich dauerhaft mit dem Boden verbindet.

5 Die Schüler legen weitere Wülste auf. Vorher muss die Oberfläche des bereits verarbeiteten Wulsts angeraut und mit Schlicker bestrichen werden. Damit sich das Gefäß erweitert, sollten die Schüler jeden neuen Wulst außen auf den vorherigen setzen. Soll sich das Gefäß verengen, befestigen sie den Wulst innen im vorhergehenden Wulst.

6 Nachdem mehrere Wülste aufeinander gesetzt wurden, stabilisieren die Schüler die Außenfläche des Gefäßes mit der einen Hand und glätten die Innenwand mit einem in Wasser getauchten glatten Stein. Wenn gewünscht, glätten sie auch die Außenseite.

7 Wenn alle Wülste verarbeitet sind und die Oberfläche geglättet ist, können die Schüler das Gefäß dekorieren. Gründlich trocknen lassen und brennen. Falls gewünscht, glasieren die Schüler das Gefäß und Sie brennen es ein weiteres Mal.

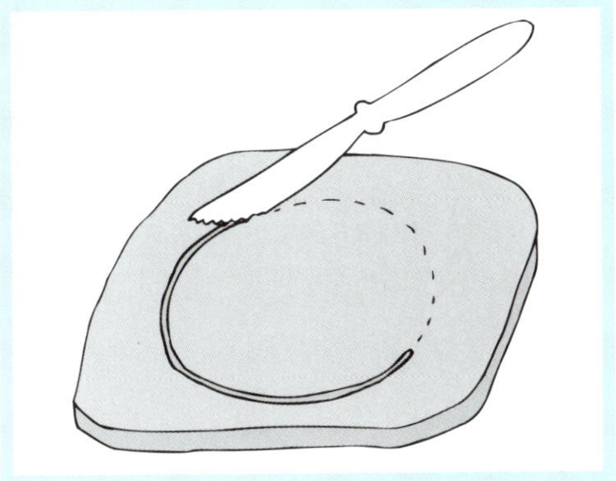

Schritt 2

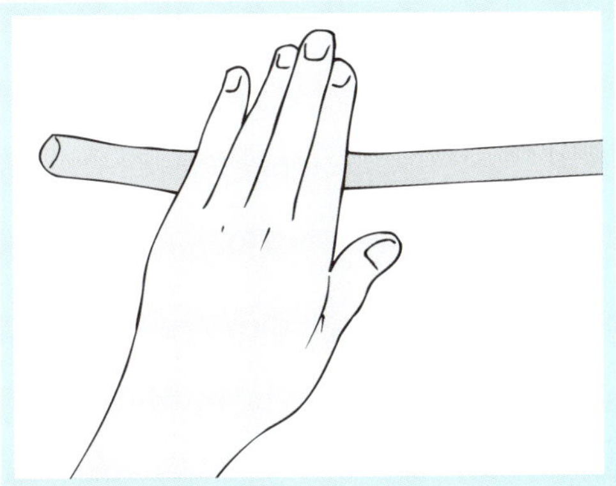

Schritt 3

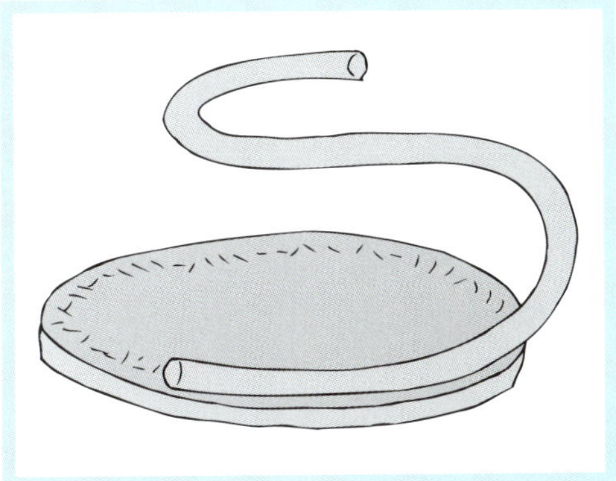

Schritt 4

Schritt 6

Hängevase

Wir stellen eine Vase aus einer Tonplatte her.

Wortschatz

aufrauen
Füllhorn
Plattentechnik
Schlicker

Material

- Ton
- Zeitungspapier
- stabiler Karton, mit sauberem Papier bedeckt
- Becher mit Wasser
- Plastikmesser
- Nägel, getrocknete Pflanzen, Walnussschalen etc. zur Gestaltung der Oberfläche
- Schwamm
- Sackleinen oder anderer strukturierter Stoff
- Teigroller
- Schlicker
- Zugang zu einem Brennofen

Hinweise

- Zeigen Sie den Schülern die Vorgehensweise an einem Beispiel. Das gibt Ihnen die Möglichkeit, die Technik zu demonstrieren und auf mögliche Schwierigkeiten hinzuweisen.
- Feuchten Sie den Ton regelmäßig mit einem feuchten Schwamm an, um Rissbildung zu vermeiden.
- Stellen Sie Trockenblumen oder getrocknete Blätter in die fertige Vase.

Lasst uns darüber sprechen!

Wie unterscheidet sich die hier angewandte Technik von der Arbeitsweise bei den beiden vorigen Projekten?

Mit welchen Naturmaterialien kann die Hängevase dekoriert werden?

Schritt 2

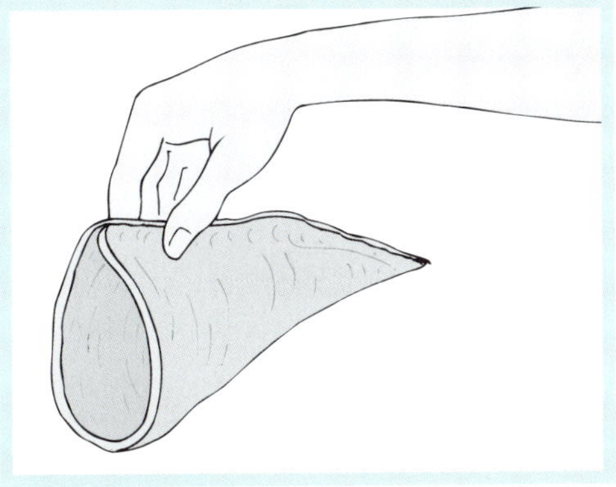

Schritte 3 und 4

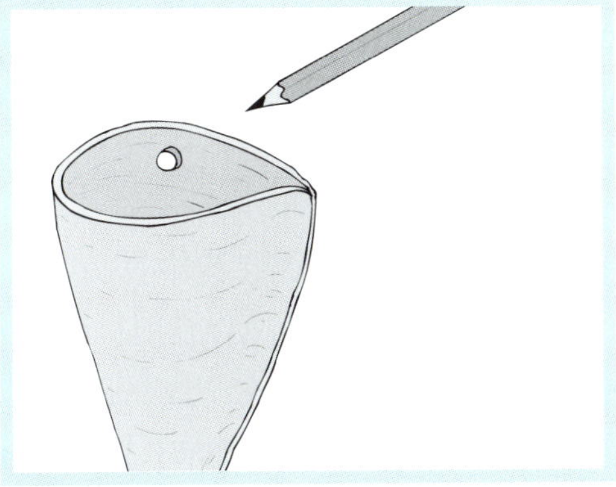

Schritt 5

Schritt für Schritt

1 Schneiden Sie für jeden Schüler ein Stück Ton in der Größe eines Tennisballs ab. Um Risse zu vermeiden, feuchten die Schüler den Ton zunächst mit Schwamm und Wasser an.

2 Die Schüler legen den Ton auf ein Stück Sackleinen oder einen anderen Stoff mit deutlicher Textur und rollen ihn mithilfe des Teigrollers auf 0,5 cm Dicke aus. Stattdessen können sie die Oberfläche auch mit Abdrücken von getrockneten Pflanzen o. Ä. gestalten oder Muster einritzen. Die Schüler können die Kanten unregelmäßig lassen, wie sie sind, oder sie mit dem Messer gerade schneiden.

3 Die Schüler lösen den Ton von der Unterlage und rollen ihn wie ein Füllhorn ein. Dabei müssen sie aufpassen, dass sie die Oberflächenstruktur nicht beschädigen.

4 Lassen Sie die Schüler die Stellen, an denen der Ton überlappt, mit einem Messer anritzen und Schlicker als „Klebstoff" aufstreichen. Die Schüler pressen dann die Kanten vorsichtig aufeinander oder drücken sie zusammen, sodass sie sich verbinden.

5 Die Schüler stechen mit einem Stift etwa 1,5 cm vom oberen Rand entfernt ein Loch, damit die Vase an die Wand gehängt werden kann.

6 Lassen Sie die Vasen auf einem sauberen Stück Papier vollständig trocknen. Brennen Sie sie im Brennofen.

7 Die Schüler glasieren ihr Gefäß innen und außen. Anschließend werden die Gefäße zum zweiten Mal gebrannt.

Einfache Kacheln

Wir lernen mithilfe der Plattentechnik einfache Kacheln herzustellen.

Lasst uns darüber sprechen!

Wofür lassen sich Kacheln aus Ton verwenden?

Wo könnt ihr im täglichen Leben Kacheln aus Ton finden?

Inwieweit ähnelt das Herstellen von Kacheln dem Herstellen der Wandvasen?

Wortschatz

Kachel
Plattentechnik
Schablone
Textur

Material

- Ton
- Zeitungspapier
- stabiler Karton, mit sauberem Papier bedeckt
- Teigroller
- Büroklammern (optional)
- Plastikmesser
- Zahnstocher, Plastikgabeln, Federn, Blätter u. Ä. zur Gestaltung der Oberfläche
- quadratische Schablonen mit 13 cm Kantenlänge aus Karton
- Zugang zu einem Brennofen
- Glasur (optional)

Hinweise

- Zeigen Sie den Schülern, wie man eine Kachel herstellt. Weisen Sie nebenbei auf die Tipps von Seite 52 hin. Daran zu erinnern kann den Unterschied zwischen Erfolgserlebnis und Misserfolg ausmachen.
- Es ist wichtig, auf einem stabilen, mit sauberem Papier bedeckten Karton zu arbeiten. Diese Oberfläche verhindert, dass die Kachel auf dem Arbeitsplatz festklebt, und ermöglicht es, den Ton zu verlagern, ohne das Werkstück zu beschädigen.

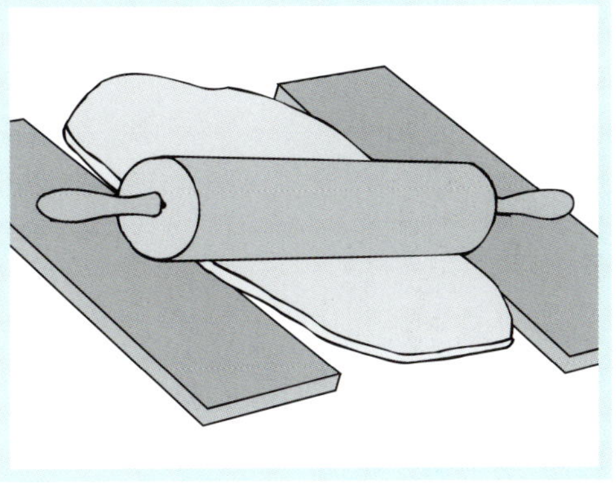

Schritt 1

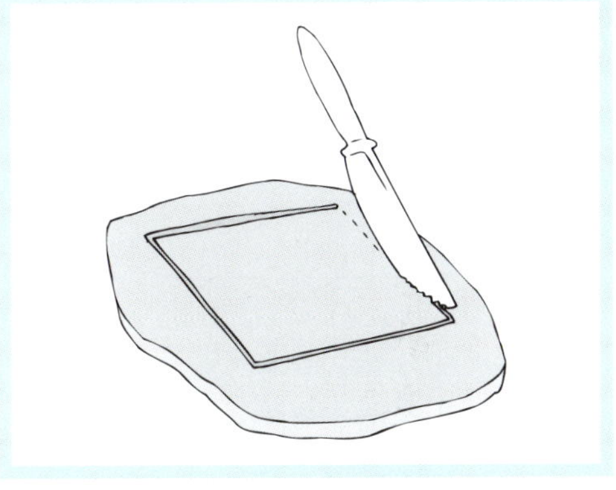

Schritt 2

Schritt 3

Schritt für Schritt

1 Die Schüler schneiden ein Stück Ton ab und legen es auf den mit sauberem Papier bedeckten Karton. Sie rollen den Ton mit dem Teigroller von der Mitte nach außen aus, bis die Platte ungefähr 0,5 cm dick ist.

2 Die Schüler legen die Schablone auf den Ton und rollen mit dem Teigroller darüber, sodass sich ein schwacher Abdruck ergibt. Sie schneiden mit dem Messer an den Kanten der Schablone entlang. Die Schüler entfernen die Tonreste. (Heben Sie die Reste für andere Projekte auf, siehe Tipps S. 52.) Sie entfernen die Schablone. Die Kachel ist fertig.

3 Wenn die Kachel aufgehängt werden soll, lassen Sie die Schüler eine Büroklammer im Winkel so oben in die Kachel drücken, dass die Öse herausguckt. Dabei müssen die Schüler aufpassen, dass sie die Büroklammer nicht durch die Kachel drücken.

4 Die Schüler heben das Papier, auf dem die Kachel liegt, hoch, drehen es um und legen die Kachel mit der Aufhängerseite nach unten auf sauberes Papier. Sie ziehen das Papier von der Kacheloberseite ab.

5 Die Schüler verzieren die Kachel. Lassen Sie die Kacheln trocknen und brennen Sie sie im Ofen. Möglicherweise wollen die Schüler ihre Kacheln glasieren. Dann müssen sie nochmals gebrannt werden.

Vorschläge zur Oberflächengestaltung

- Kreuzweise schraffieren (z. B. mit einer Gabel)
- Abdrücke von Blättern oder Federn
- Abdrücke von Buchstabennudeln, um Wörter zu bilden
- Mit Zahnstochern Bilder einritzen

Kacheln mit Naturmotiven

Wir stellen mithilfe der Plattentechnik eine Kachel her und schmücken sie mit Abdrücken von Naturobjekten.

Wortschatz

Abdruck
Eindruck
Kachel
Plattentechnik

Material

- Ton
- Zeitungspapier
- stabiler Karton, mit sauberem Papier bedeckt
- Teigroller
- Plastikmesser
- Schablonen aus Karton
- frische Pflanzen und Blätter
- Büroklammern
- Temperafarben und Fixativspray (optional)
- Zugang zu einem Brennofen

Lasst uns darüber sprechen!

Was haben Abdrücke in Ton und Farbdrucke auf Papier gemeinsam? Wodurch unterscheiden Sie sich?

Könnt ihr sehen und fühlen, wie sich die Oberflächenstruktur des Tons ändert, wenn Gegenstände hineingedrückt werden?

Hinweise

- Wiederholen Sie die Herstellung einer einfachen Kachel und die Tipps von Seite 52.
- Integrieren Sie dieses Projekt in den Sachkunde- oder Biologieunterricht. Die Schüler können selbst Abdruck-Material sammeln.
- Diese Kacheln lassen sich gut als Untersetzer verwenden. Sie eignen sich auch als Festtagsgeschenk für die Eltern.
- Glasieren Sie diese Kacheln nicht – das beeinträchtigt die Abdrücke. Stattdessen mit Temperafarben bemalen.

Schritt für Schritt

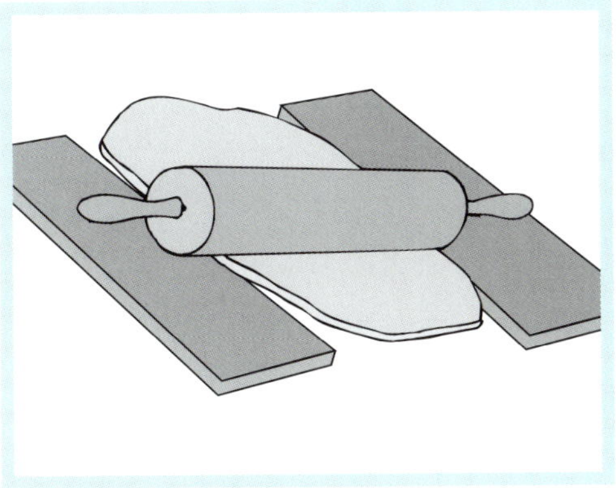

Schritt 1

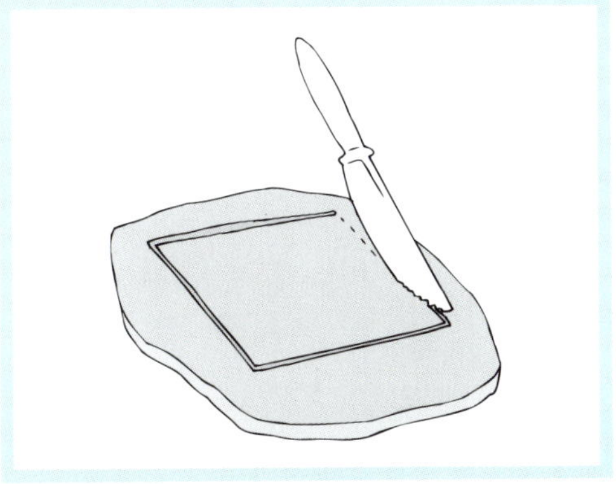

Schritt 1

Schritt 2

Schritt 4

1 Die Schüler stellen zunächst eine einfache Kachel her. Sie rollen einen Klumpen Ton aus. Anschließend wählen sie eine Schablone aus und legen diese auf den Ton. Sie rollen mit dem Teigroller darüber, sodass sich ein Abdruck ergibt. Dann schneiden sie die Kachel mit dem Plastikmesser aus. (Einzelheiten siehe Seite 65, Schritt 1 und 2)

2 Lassen Sie die Schüler eine Büroklammer dicht an der Oberkante einfügen, wenn die Kachel aufgehängt werden soll. Dann drehen die Schüler die Kachel um.

3 Die Schüler wählen eine frische Pflanze und/oder ein Blatt aus, von denen ein Abdruck genommen werden soll. Details müssen gut erkennbar sein, damit der Abdruck nicht verschwindet, wenn der Ton trocknet.

4 Die Schüler legen die Objekte auf die Kachel und drücken sie mit dem Teigroller an. Sie sollen dabei darauf achten, dass ein klarer Abdruck zu sehen ist.

5 Die Schüler nehmen die Objekte vorsichtig ab und lassen die Kacheln trocknen.

6 Brennen Sie die Kacheln im Brennofen.

7 Die Kacheln können so bleiben, wie sie sind, oder mit Temperafarbe bemalt werden. Die Farbe sollte mit Fixativspray oder Lack fixiert werden.

Bilderrahmen

Wir stellen aus einer Tonplatte einen Bilderrahmen her und gestalten die Oberfläche mit verschiedenen Werkzeugen.

Lasst uns darüber sprechen!

Inwiefern ähnelt Werken mit Ton dem Weben?

Was haben Töpfertechniken und Drucktechniken gemeinsam und worin unterscheiden sie sich?

Wortschatz

Oberflächenstruktur

Plattentechnik

Schablone

Material

- Ton
- Zeitungspapier
- stabiler Karton, mit sauberem Papier bedeckt
- Teigroller
- Plastikmesser
- Schablone aus Karton
- Büroklammern
- kleine Fotos
- Leim
- Bleistifte, Holzspatel, Nägel, Zahnstocher etc. zur Gestaltung der Oberflächenstruktur
- Glasur oder Farben
- Zugang zu einem Brennofen

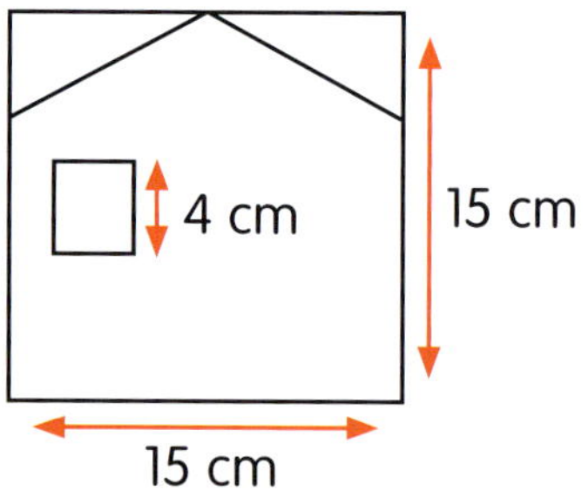

Hinweise

- Gehen Sie die Arbeitsschritte der Kachelherstellung und die Tipps von Seite 52 durch.
- Beim Glasieren geht häufig die Oberflächenstruktur verloren. Temperafarben sind daher eine gute Alternative, wenn Farben erwünscht sind.

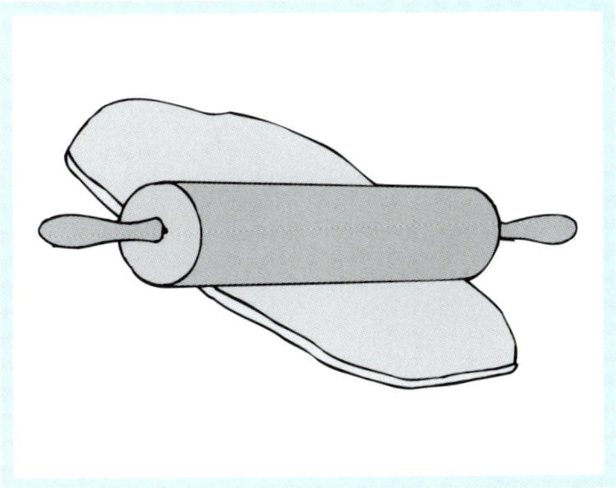

Schritt 1

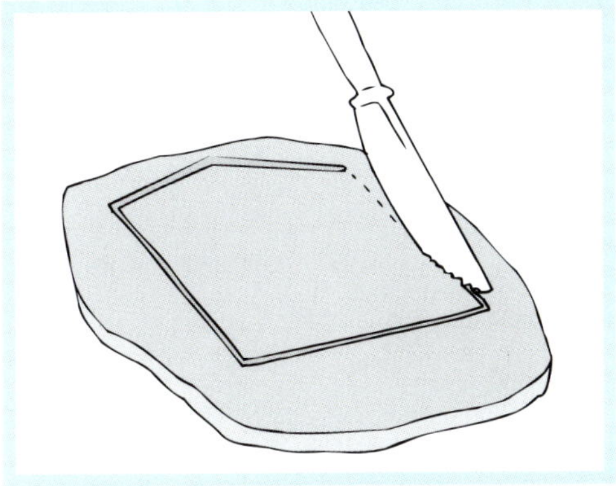

Schritt 2

Schritte 3 und 4

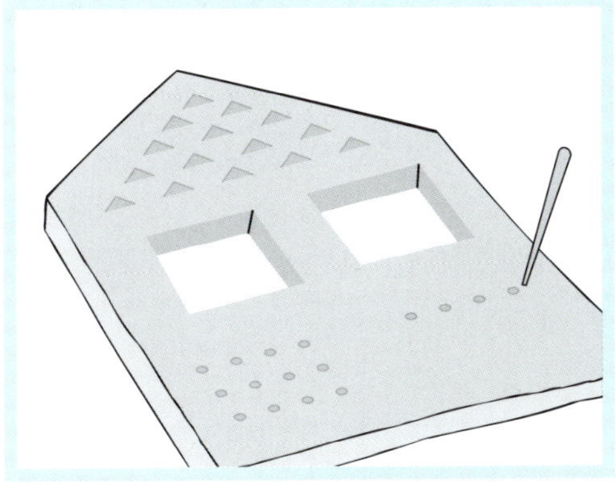

Schritt 5

Schritt für Schritt

1 Die Schüler stellen eine einfache Kachel her. Sie legen einen Klumpen Ton auf den Karton und rollen den Ton von der Mitte nach außen aus, bis die Schicht ungefähr 0,5 cm dick ist.

2 Die Schüler wählen eine Schablone als Form für den Rahmen aus – beispielsweise ein Rechteck, ein Quadrat oder die Umrisse eines Hauses. Sie legen die Schablone auf die Kachel und rollen mit dem Teigroller darüber, sodass sich ein Abdruck ergibt. Den überstehenden Ton schneiden sie mit dem Plastikmesser ab. (Heben Sie ihn für weitere Projekte auf.)

3 Lassen Sie die Schüler eine rechteckige Schablone für die Innenseite des Rahmens schneiden. Die Schüler legen die Schablone auf und rollen mit dem Teigroller darüber. Dann schneiden sie die Rechtecke mit dem Plastikmesser aus und entfernen sie.

4 Wenn der Rahmen aufgehängt werden soll, drücken die Schüler in der Nähe des oberen Randes eine Büroklammer so in die Platte, dass die Öse heraussteht. Dabei müssen sie aufpassen, dass sie die Büroklammer nicht durch die Kachel drücken. Sie drehen den Rahmen um.

5 Die Schüler gestalten nun die Oberfläche des Rahmens. Mithilfe von Holzspateln, Zahnstochern, Muschelschalen, Schneckenhäusern u. a. lassen sich interessante Strukturen verwirklichen.

6 Lassen Sie die Kacheln gründlich trocknen und brennen Sie sie. Falls gewünscht, malen die Schüler die Kachel mit Temperafarben an. Das anschließende Besprühen mit Fixativ sollte ein Erwachsener übernehmen. Die Rahmen sehen aber auch unbehandelt gut aus.

7 Sobald der Rahmen fertig ist, können die Schüler Fotos von hinten aufkleben.

Seeotter

Wir modellieren mithilfe der Quetschmethode ein Tier.

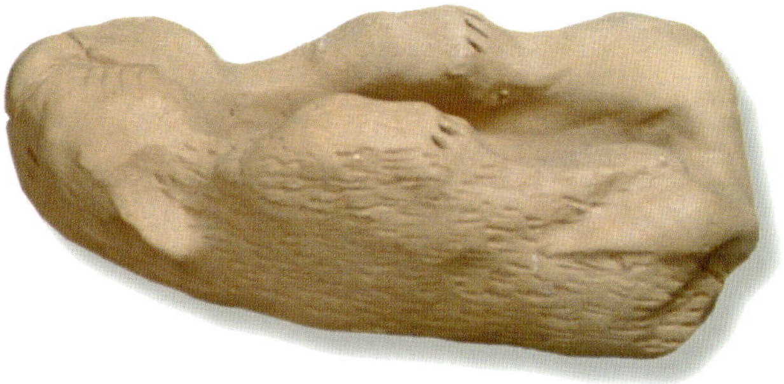

Lasst uns darüber sprechen!

Wie fühlt sich Ton an und wie riecht er?

Wie kann man Ton Oberflächenstruktur verleihen?

Woher kommt Ton?

Wortschatz

brennen

Brennofen

modellieren

Ton

Material

- Ton (roter ist am besten geeignet)
- Drahtschneider für Ton oder ein Stück Angelschnur
- Becher mit Wasser
- Zahnstocher
- kleine Muscheln
- Zeitungspapier
- stabiler Karton als Unterlage, mit sauberem Papier bedeckt
- Zugang zu einem Brennofen

Hinweise

- Bereiten Sie für die Arbeit mit Ton einen mit Zeitungspapier bedeckten Bereich vor.
- Lassen Sie die Schüler auf stabilem Karton arbeiten, der mit sauberem Papier bedeckt ist. Die Objekte kleben nicht am Papier fest und sie lassen sich leicht transportieren.
- Legen Sie einen Tisch fest, auf dem die Werke trocknen können.
- Wenn Sie zu keinem Brennofen Zugang haben, verwenden Sie lufttrocknenden Ton.
- Fotos von Seeottern dienen als Vorlage.

Schritt für Schritt

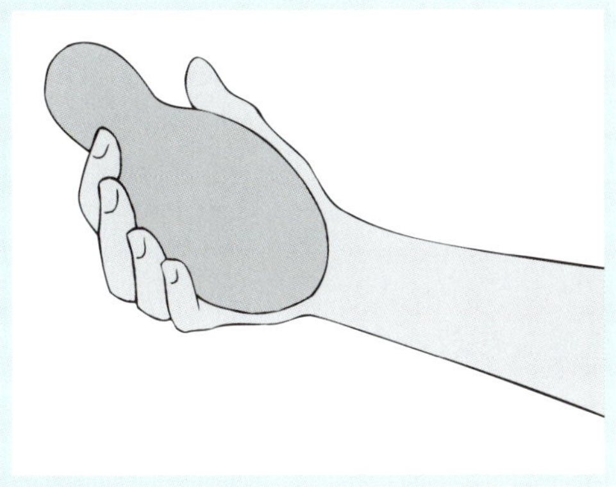

Schritte 1 und 2

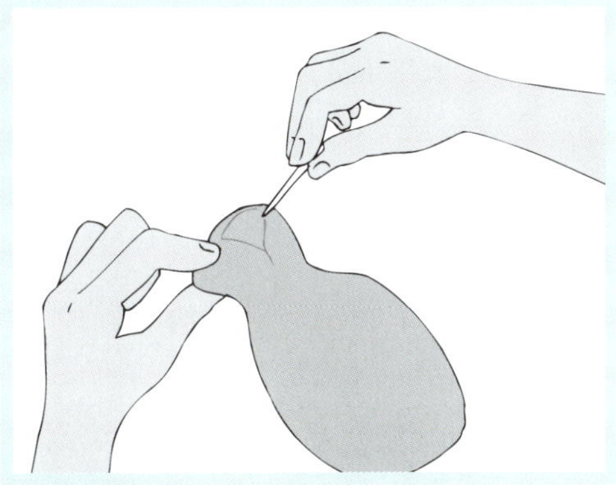

Schritt 3

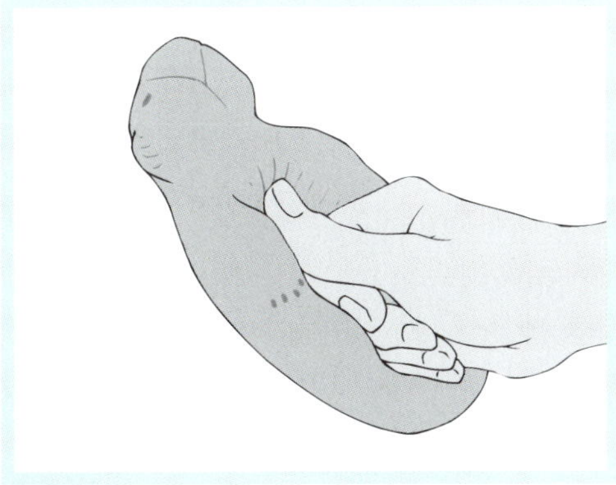

Schritt 4

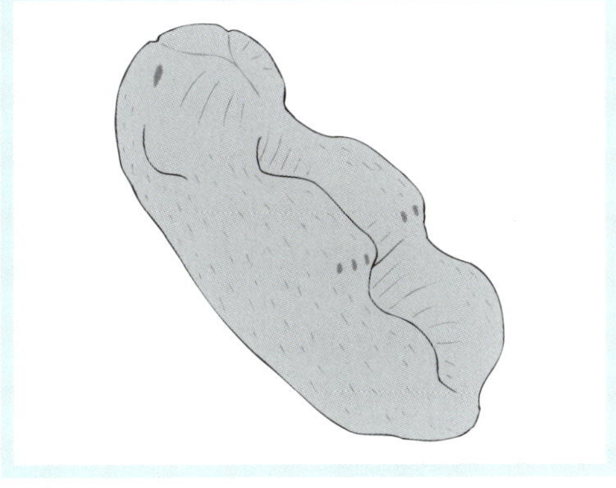

Schritt 5

1 Schneiden Sie für jeden Schüler ein Stück Ton, das so groß ist wie zwei Päckchen Butter. Die Schüler formen aus dem rechteckigen Block ein kartoffelähnliches Gebilde.

2 Die Schüler drücken ein Drittel der „Kartoffel" mit Daumen und Zeigefinger sanft zusammen, um Kopf und Hals zu formen. Sie quetschen die Grundform des Kopfes heraus.

3 Die Schüler drücken mit den Fingern in Halsnähe vorsichtig zwei winzige, nicht zu dünne Ohren heraus. Sie formen eine abgerundete Nase. Als Vorlage können sie ein Foto eines Seeotters betrachten. Sie zeichnen mit einem Zahnstocher die Augen und arbeiten die Nasenregion mithilfe einer Linie heraus. Teile, die beim Formen und Quetschen aus Versehen abgetrennt werden, können nicht wieder angedrückt werden, da dabei Lufttaschen entstehen, die beim Brennen platzen können!

4 Der Otter wird wie im Wasser auf dem Rücken liegen. Die Schüler drücken mit dem Daumen im Bauchbereich eine flache Vertiefung. Sie zeichnen mit dem Zahnstocher daneben kleine Pfoten.

5 Die Schüler kratzen mit einem Zahnstocher leicht über Rücken und Kopf des Otters – das ergibt eine fellartige Struktur.

6 Lassen Sie die fertigen Objekte etwa zwei Wochen lang trocknen. Ton ist trocken, wenn er sich warm anfühlt. Brennen Sie die Otter in einem Brennofen.

Wale

Wir modellieren mithilfe der Quetschmethode ein Tier.

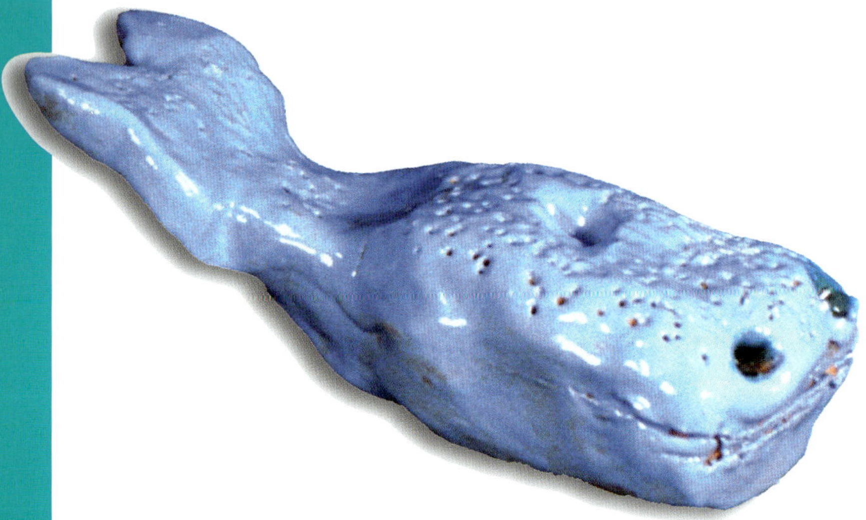

Wortschatz

Glasur

modellieren

Material

- Ton
- Zeitungspapier
- stabiler Karton, mit sauberem Papier bedeckt
- Becher mit Wasser
- Holzspatel
- Zahnstocher
- Zugang zu einem Brennofen

Lasst uns darüber sprechen!

Welche anderen Materialien außer Ton können zum Modellieren verwendet werden?

Bewirkt das Hoch- oder Herunterziehen des Schwanzes den Eindruck von Bewegung? Warum?

Hinweise

- Lassen Sie die Schüler mit Ton experimentieren, um herauszufinden, welche Effekte möglich sind, bevor sie die eigentliche Figur modellieren. Verwenden Sie für die Figuren nicht den Ton, mit dem die Schüler experimentiert haben. Dieser wird Lufteinschlüsse enthalten, die beim Brennen zu Problemen führen.

Lehm, der u. a. aus Ton besteht, ist einer der ältesten Baustoffe. Gefäße und Skulpturen aus Ton sind in Kulturen überall auf der Erde zu finden.

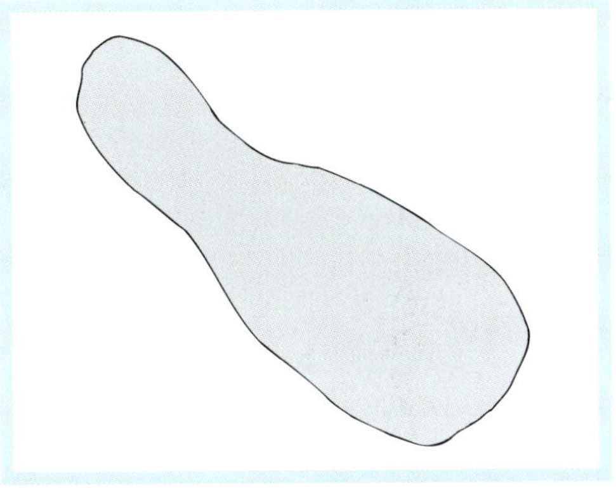

Schritt 2

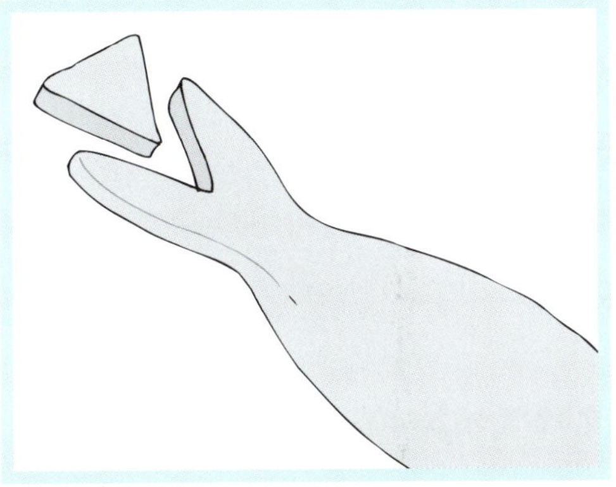

Schritt 3

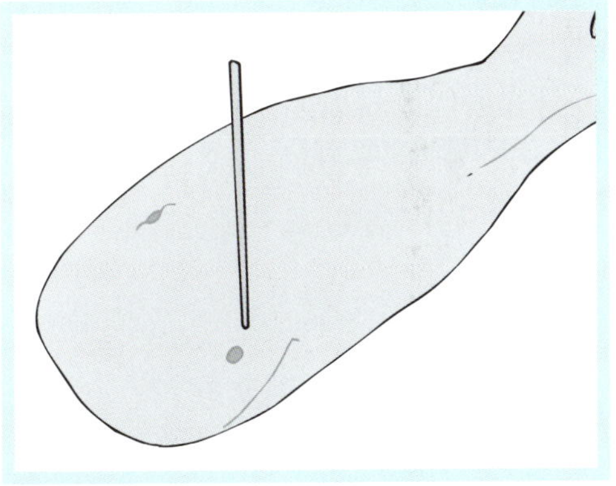

Schritt 4

Schritt für Schritt

1 Schneiden Sie für jeden Schüler Ton in der Größe eines Päckchens Butter ab. Die Schüler rollen und formen den Ton, bis er etwa wie eine Kartoffel aussieht.

2 Die Schüler ziehen etwa ein Drittel vom Ende der „Kartoffel" entfernt den künftigen Schwanz heraus, indem sie sanft mit den Fingern drücken. Den größten Teil des Tons lassen sie für den Kopf und den Körper des Wals übrig.

3 Die Schüler drücken den Schwanzbereich mit den Fingern zusammen, machen ihn aber nicht zu dünn. Lassen Sie die Schüler mit einem Holzspatel die Schwanzflosse gestalten, indem sie ein V herausschneiden. Vielleicht wollen die Schüler auf beiden Seiten des Körpers noch Flossen herausziehen.

4 Die Schüler formen mit einem Zahnstocher die Augen und ein Blasloch und arbeiten das Maul heraus. Auf der Unterseite kerben sie ihre Initialen ein.

5 Sie können jetzt Bewegung andeuten, indem sie den Schwanz nach oben oder nach unten biegen.

6 Lassen Sie die Schüler mit einem Bleistift zwei Löcher in die Unterseite des dicksten Teils des Wals bohren, um das Trocknen zu erleichtern. Lassen Sie die Wale gründlich trocknen und brennen Sie sie anschließend.

7 Glasiert glänzt der Wal und sieht feucht aus. Brennen Sie ihn nach dem Glasieren ein zweites Mal.

Bären

Wir modellieren eine anspruchsvollere Tierfigur und benutzen dabei wiederum die Quetschtechnik.

Wortschatz

Quetschmethode

Material

- Ton
- Zeitungspapier
- stabiler Karton, mit sauberem Papier bedeckt
- Holzspatel
- Zahnstocher
- Becher mit Wasser
- Plastikgabel oder Kamm
- Zugang zu einem Brennofen

Lasst uns darüber sprechen!

Warum muss eine Figur ausbalanciert sein?

Wie habt ihr eurer Figur eine Oberflächenstruktur gegeben?

Hinweise

- Die Schüler sollten beim Modellieren berücksichtigen, dass der Bär auf vier Beinen stehen muss. Falls er doch nicht stabil steht, können sie ihn immer noch sitzen lassen.

Das raue Bärenfell können die Schüler imitieren, indem sie den Ton mit kurzen, kräftigen Strichen kämmen.

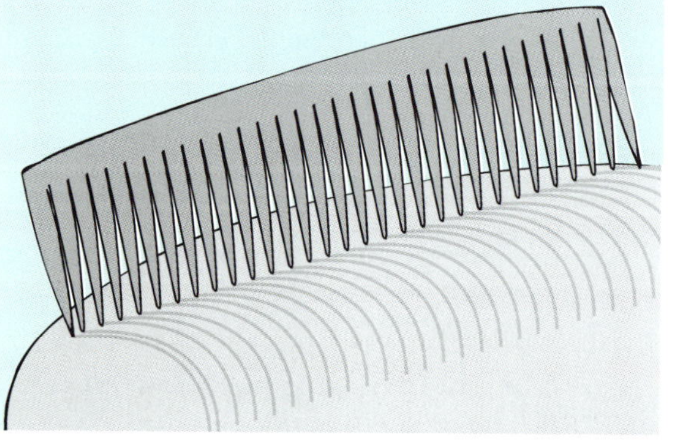

Schritt für Schritt

1 Schneiden Sie für jeden Schüler ein Stück Ton in der Größe zweier Butterpäckchen ab. Die Schüler formen aus dem rechteckigen Block eine „Kartoffel". Sie ziehen aus dem oberen Drittel der „Kartoffel" langsam einen Kopf heraus. Dabei sollten sie nicht zu fest drücken. Bären haben dicke Hälse.

2 Die Schüler legen den Bär auf den Rücken und markieren mit einem Holzspatel die Beine.

3 Durch vorsichtiges Ziehen und Drücken formen sie die runden Beine aus. Bären haben kurze und dicke Beine.

4 Die Schüler wenden sich nun dem Kopf zu. Sie formen eine leicht zugespitzte Nase und quetschen mit Daumen und Zeigefinger vorsichtig zwei Ohren heraus. Sie sollten abgerundet und nicht zu dünn sein und entfernt voneinander stehen. Die Augen werden mit einem Zahnstocher gestaltet, die Nase mit einer Linie abgegrenzt.

5 Um die Fellstruktur zu erzeugen, kämmen die Schüler den Ton mit einer Gabel oder einem Kamm mit kurzen, kräftigen Strichen. Sie entscheiden, ob ihr Bär auf allen Vieren stehen, sitzen oder liegen soll.

6 Die Schüler bohren mit einem Bleistift zwei Löcher in die Unterseite des Bären, um das Trocknen zu erleichtern. Nach dem vollständigen Trocknen werden die Bären gebrannt.

7 Die Schüler können die Figur glasieren. (Wenn die Schüler roten Ton verwenden, sieht der Bär auch ohne Glasur sehr gut aus.)

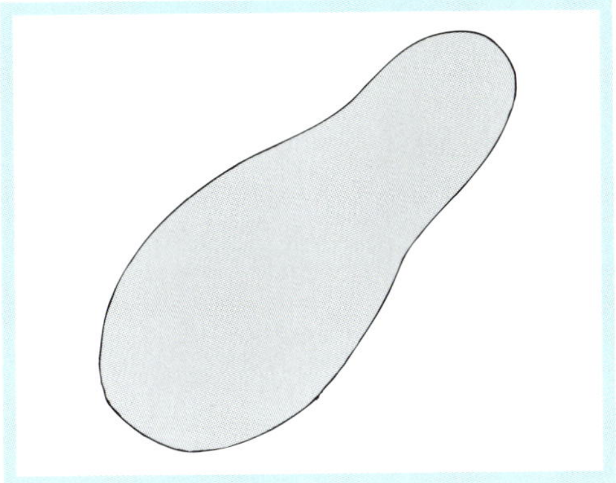

Schritt 1

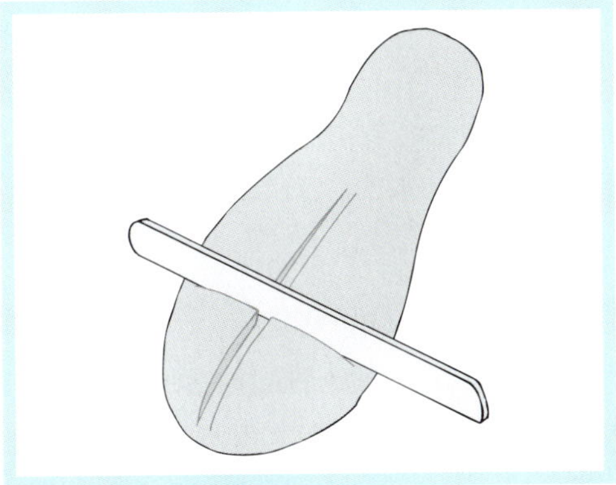

Schritt 2

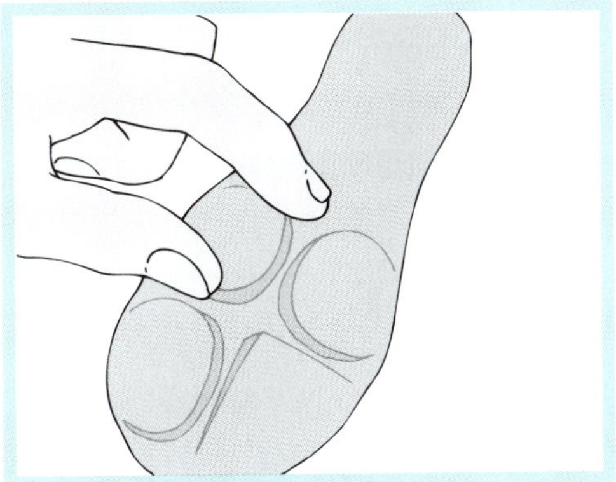

Schritt 3

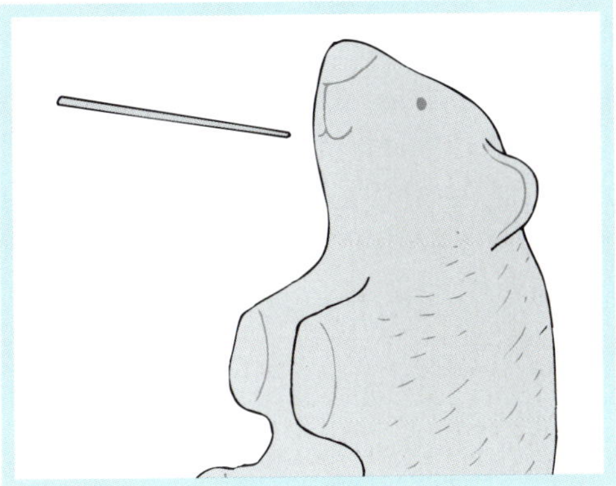

Schritt 4

Fantasiefische

Wir modellieren Fantasiefische und lernen dabei die Aufbaumethode.

Lasst uns darüber sprechen!

Wie unterscheidet sich die Aufbaumethode von der Quetschmethode?

Welche Effekte lassen sich mithilfe von Papier erzielen?

Wortschatz

Aufbaumethode
aufrauen
Brennofen
Schlicker

Material

- Ton
- Zeitungspapier
- stabiler Karton, mit sauberem Papier bedeckt
- Teigroller
- Becher mit Wasser
- Gefäß mit Schlicker (siehe Seite 52, Tipp 4)
- Plastikmesser
- Zahnstocher, Plastikgabel oder Holzspatel zur Gestaltung der Oberfläche
- zusammengeknülltes Zeitungspapier
- Zugang zu einem Brennofen

Hinweise

- Da der Ton in diesem Fall ausgerollt wird (wodurch Lufteinschlüsse entfernt werden), können Sie Tonreste, die bei anderen Projekten übrig geblieben sind, verwenden.
- Wenn die Fische als Dekoration fürs Aquarium dienen sollen, sollten Sie darauf achten, dass Sie eine ungiftige Glasur verwenden.

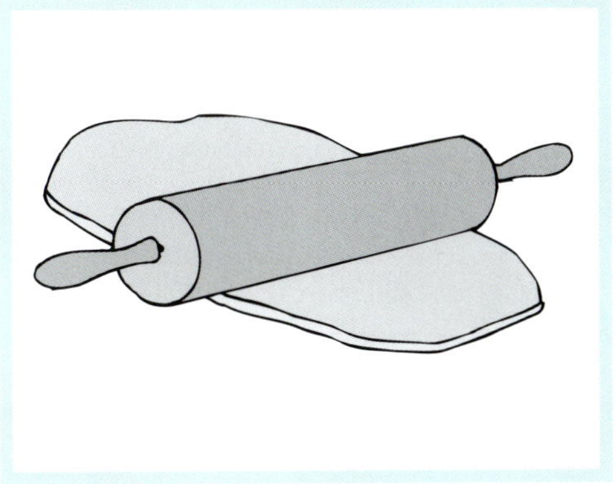

Schritt 1

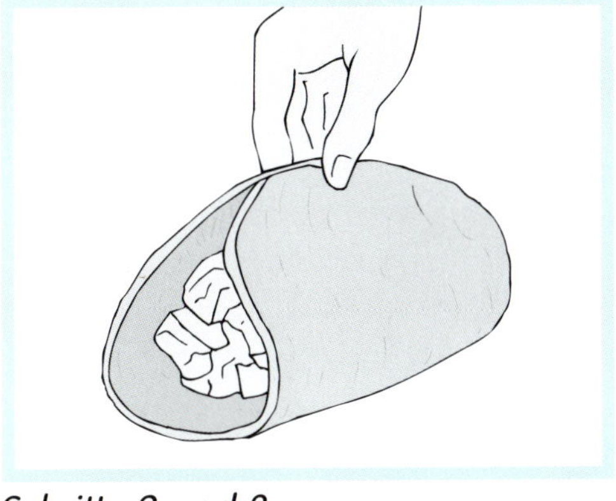

Schritte 2 und 3

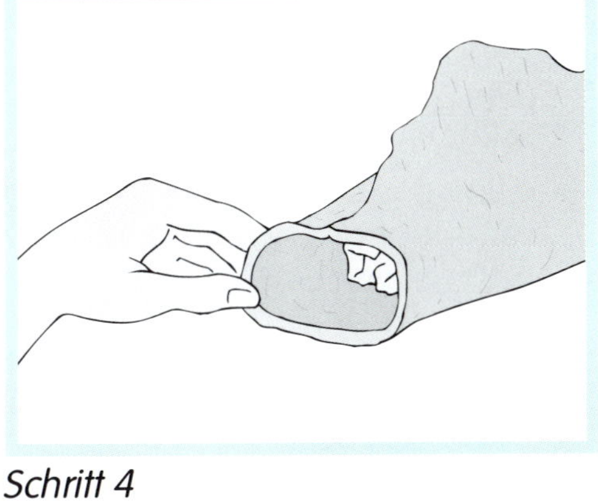

Schritt 4

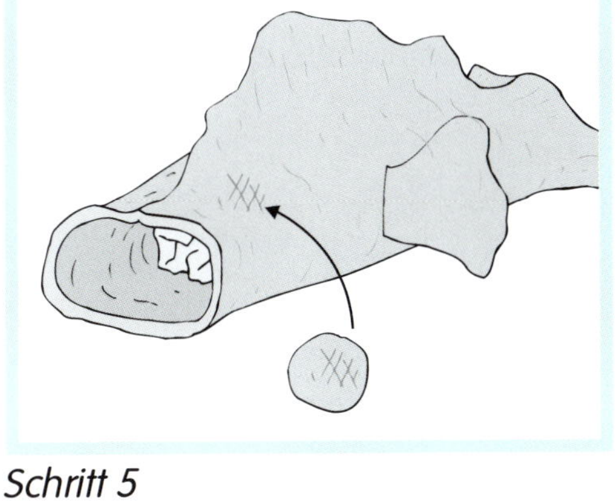

Schritt 5

Schritt für Schritt

1 Die Schüler beginnen mit einem Stück Ton in Orangengröße. Sie rollen den Ton mit einem Teigroller von der Mitte aus nach außen auf eine Stärke von ungefähr 0,5 cm aus. Die Kanten sollten unregelmäßig sein.

2 Die Schüler legen ein fest zusammengeknülltes Stück Zeitungspapier in die Mitte der Tonplatte. Es dient als Form für den Körper des Fischs.

3 Die Schüler ritzen die Kanten der Tonplatte mit einem Messer an und tragen Schlicker als Klebstoff auf. Sie ziehen beide Seiten nach oben und drücken sie zusammen. Das ergibt den Rücken des Fischs.

4 Die Schüler drücken an einem Ende des Fischs den Schwanzbereich zusammen. Sie formen am anderen Ende durch Ziehen und Drücken den Kopf und ein offenes Maul aus. (Das Zeitungspapier bleibt im Fisch. Es verbrennt beim Brennen.)

5 Die Schüler rollen zwischen den Handflächen kleine Tonkugeln als Augen. Sie rauen die Rückseite der Augen und die Stellen, an denen die Augen sitzen sollen, auf. Die Schüler drücken die Augen mithilfe von Schlicker als Klebstoff fest an. Auf diese Weise lassen sich auch Flossen anbringen.

6 Lassen Sie die Fische gründlich trocknen und brennen Sie sie anschließend im Brennofen.

7 Die Schüler malen die Fische mit leuchtend gefärbter Glasur an. Anschließend werden die Fische ein zweites Mal gebrannt.

Masken

Wir stellen aus einer Tonplatte unter Verwendung der Platten-, Quetsch- und Aufbaumethode eine einfache Maske her.

Lasst uns darüber sprechen!

Zähle alle verschiedenen Methoden der Tonbearbeitung auf, die hier angewendet wurden.

Wie hast du beim Formen von Mund und Augen Gefühle ausgedrückt?

Wortschatz

Aufbaumethode
Quetschmethode
Form
Plattentechnik

Material

- Ton
- Zeitungspapier
- stabiler Karton, mit sauberem Papier bezogen
- Plastiklöffel
- Gefäß mit Schlicker
- Becher mit Wasser
- Bleistift
- Teigroller
- Zugang zu einem Brennofen

Hinweise

- Wie man die Teile eines Gesichts anordnet:

  Das Gesicht wird senkrecht durch eine Linie geteilt.

  Eine Linie quer über das Gesicht markiert die Lage der Augen.

  Die Augen liegen ungefähr auf einem Drittel der Entfernung zwischen der Mitte des Gesichts und den Seiten.

  Die Nase wird in der Mitte zwischen Augen und Mund platziert.

  Der Mund liegt in der Mitte zwischen Nase und Kinn.

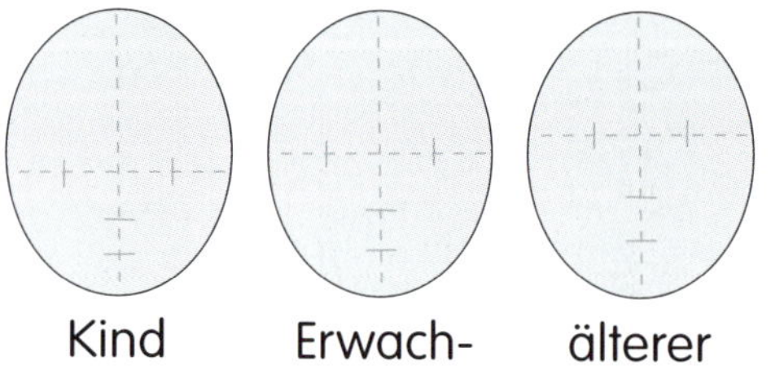

Kind — Erwachsener — älterer Mensch

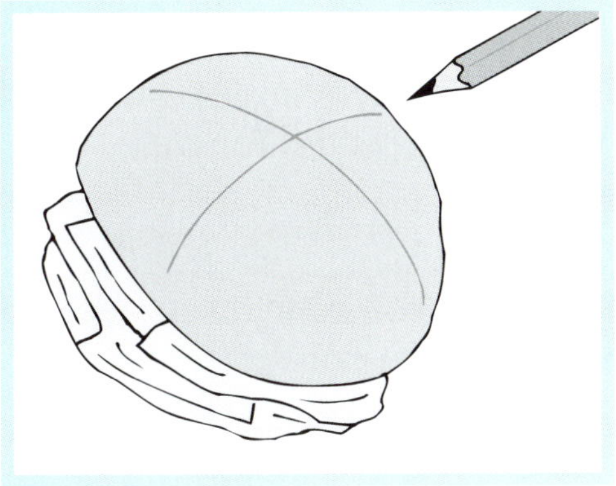

Schritte 1 und 2

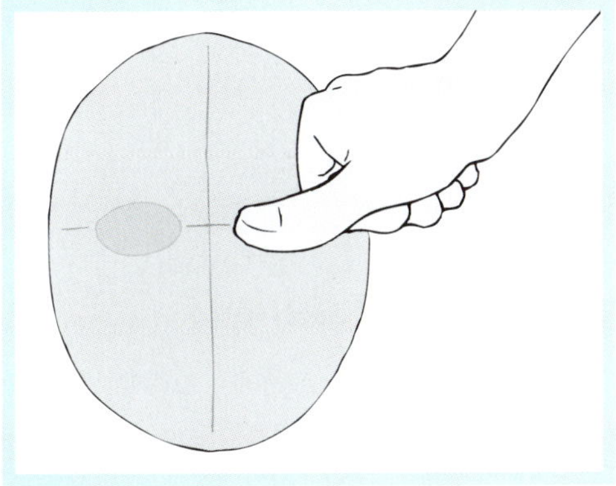

Schritt 3

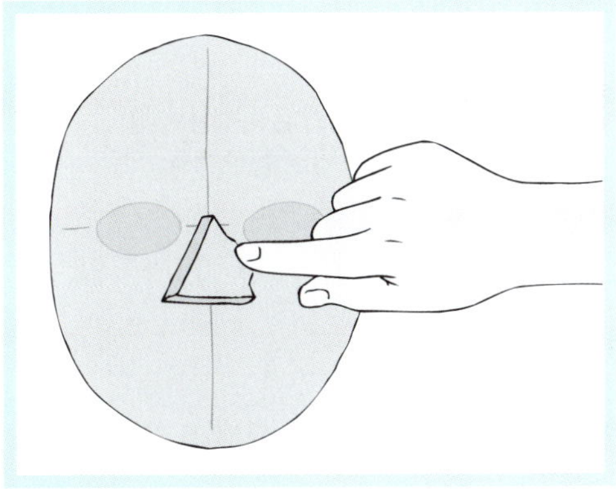

Schritt 4

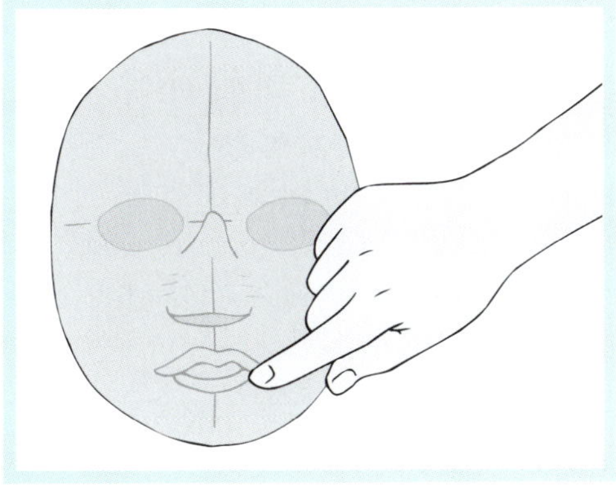

Schritt 5

Schritt für Schritt

1 Die Schüler beginnen mit einer Tonplatte von etwa 250 g Gewicht. Sie schneiden einen Teil davon ab und legen diesen für die Nase, die Augenbrauen etc. zur Seite. Die Schüler runden mit den Händen vorsichtig die Ecken der Platte ab und formen ein Oval. Der Ton soll ungefähr 1,25 cm dick sein. Die Schüler schneiden die Kante des Ovals sauber.

2 Die Schüler bringen den Ton in eine konvexe Form. Sie legen die Platte dazu über zusammengeknülltes Papier, das als Form dient. Wenn sie die Maske aufhängen wollen, machen sie in der oberen Hälfte zwei Löcher, jeweils einen Finger breit vom Rand entfernt. Die Schüler zeichnen mit einem Bleistift dünn die Linien auf, die als Anhaltspunkte für die Anordnung der einzelnen Teile des Gesichts dienen (siehe Hinweise auf Seite 78).

3 Lassen Sie die Schüler die Augen mit einem Löffel oder mit dem Daumen formen. Dabei sollen sie darauf achten, dass die Augen gleich groß sind.

4 Für die Nase nehmen die Schüler ein Stück des zu Anfang beiseite gelegten Tons und schneiden mit dem Messer eine Pyramidenform aus. Sie ritzen die „Pyramide" an, streichen Schlicker auf die Kanten und befestigen sie im Gesicht. Anschließend glätten sie die Kanten der Nase mit Wasser und formen die Nase mit der Quetschmethode wie gewünscht aus.

5 Für die Lippen rollen die Schüler einen Tonwulst und befestigen ihn im Mundbereich, nachdem sie ihn angeritzt und mit Schlicker bestrichen haben.

6 Falls gewünscht, ergänzen sie noch Augäpfel, Haare, Augenbrauen oder einen Schnurrbart.

7 Lassen Sie die Masken auf der Form gründlich trocknen. Entfernen Sie anschließend die Form und brennen Sie die Masken. Wenn die Schüler die Masken glasieren, brennen Sie sie noch einmal.

Ton brennen

1 Es gibt ein paar Tonsorten auf dem Markt, die **nicht** zum Brennen geeignet sind. Lesen Sie die Etiketten sorgfältig.

2 Stellen Sie vor dem Brennen sicher, dass die Objekte trocken sind. Wenn sich Ton kühl anfühlt, enthält er immer noch Feuchtigkeit. Warten Sie, bis der Ton sich warm anfühlt. Anderenfalls kann er im Brennofen explodieren.

3 Denken Sie daran, dass trockener Ton sehr empfindlich ist. Ein Stoß kann dazu führen, dass nur noch Staub übrig bleibt. Das ist einer der Gründe dafür, die Objekte zu brennen, statt sie nur an der Luft trocknen zu lassen.

4 Beachten Sie die Anleitung für die Beladung des Brennofens. Verwenden Sie Ofenplatten und Stützen, um die Werkstücke zu lagern. Je nach Größe des Brennraums passen mehrere Platten gleichzeitig in den Ofen.

5 Glasuren verschmelzen untrennbar mit der Unterlage. Stellen Sie glasierte Objekte daher niemals direkt auf die Platten, sondern benutzen Sie Dreifüße aus Metall. Alternative: Sie säubern die Unterseite des Werkstücks vor dem Brennen. Achten Sie auch auf einen ausreichenden Abstand zwischen den glasierten Objekten, damit sie nicht zusammenkleben.

6 Ein Brennofen arbeitet so, dass die Temperatur langsam ansteigt, um die Objekte zu „backen". Der langsame Temperaturanstieg gibt dem Ton Zeit zu schrumpfen und zu härten, während die Feuchtigkeit verdampft.

Der Brennofen erreicht eine Temperatur bis etwa 1000 °C. Lassen Sie die Objekte über Nacht abkühlen und benutzen Sie Handschuhe, um sie aus dem Ofen zu holen. Wenn man Objekte herausholt, bevor sie abgekühlt sind, kann das dazu führen, dass sie zerspringen.

7 Wenn es in Ihrer Schule keinen Brennofen gibt, fragen Sie bei der Volkshochschule oder bei Töpfereien nach. Dort können Sie die Objekte in der Regel gegen eine geringe Gebühr brennen lassen.

Lufttrocknender Ton

Wenn kein Brennofen vorhanden ist, stellen Sie sicher, dass Sie Ton benutzen, der für die Lufttrocknung geeignet ist. Lufttrocknender Ton darf in der Regel nicht in den Brennofen und er sollte nicht glasiert werden.

Drucken

Schmetterlinge

Wir gestalten ohne Pinsel abstrakte Muster mit Temperafarbe.

Wortschatz

drucken

Primärfarben

Sekundärfarben

symmetrisch

Material

- weißes Papier DIN A3
- Temperafarben (Primärfarben in Spritzflaschen)

Hinweise

- Dieses Projekt kann das Thema Schmetterlinge im Sachkunde- oder Biologieunterricht ergänzen. Aber auch eine Verbindung mit dem Deutschunterricht ist möglich: Die Schüler schreiben kleine Geschichten oder Gedichte über Schmetterlinge, die sie hinterher illustrieren.
- Sprechen Sie über Schmetterlinge und die vielen Farben und Muster, die ihre Flügel haben können. Vielleicht lassen Sie die Kinder ihre Drucke ausschneiden und in der Mitte falten, sodass sie sie in den Händen flattern lassen können wie Schmetterlinge.
- Arbeiten Sie mit kleinen Gruppen, um „Unfälle" mit den Farben zu vermeiden. Lassen Sie jüngere Schüler Kittel tragen.

Lasst uns darüber sprechen!

Was ist der Unterschied zwischen Malen und Drucken?

Was sind Primärfarben?

Was sind Sekundärfarben?

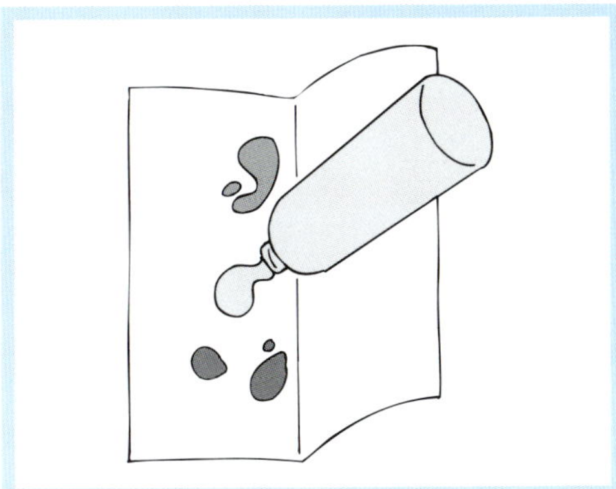

Schritt 2

Schritt 3

Schritt für Schritt

1 Die Schüler falten das Papier in der Mitte auf DIN-A4-Format.

2 Die Schüler öffnen das Blatt wieder und legen es flach auf den Tisch. Sie spritzen eine kleine Menge jeder Primärfarbe auf eine Seite. Die Schüler sollten sparsam mit der Farbe umgehen, um die Trocknungszeit zu verkürzen.

3 Die Schüler falten das Papier wieder und drücken es zusammen. Ermuntern Sie die Schüler, sanft über die ganze Fläche zu drücken, ohne zu reiben.

4 Lassen Sie die Schüler das Papier wieder öffnen, um das Ergebnis zu betrachten. Die Schüler entdecken vermutlich, dass sich Primärfarben miteinander vermischt und Sekundärfarben gebildet haben. Diskutieren Sie, wie das möglich ist, und schauen Sie mit den Schülern den Farbkreis und die Position dieser Farben zueinander an.

5 Lassen Sie die Drucke trocknen. Diskutieren Sie mit den Schülern, was sie in ihren Drucken erkennen.

Der Farbkreis

Es gibt drei Primärfarben: Rot, Gelb und Blau. Wenn man diese Farben mischt, erhält man die Sekundärfarben Orange, Grün und Violett. Ordnen wir die Farben, so wie sie zusammenhängen, kreisförmig an, erhalten wir den Farbkreis.

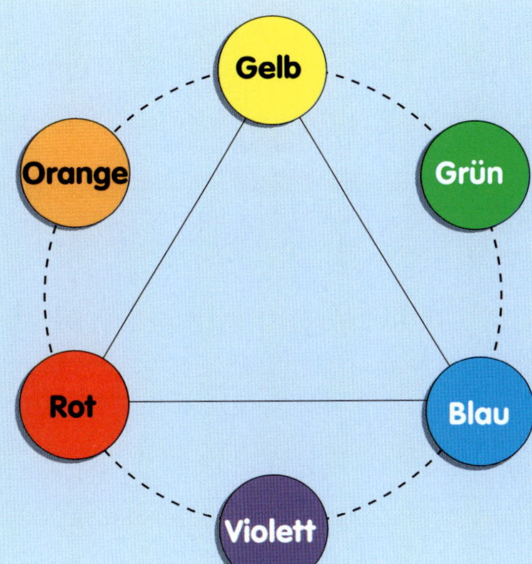

Monotypie

Bei dieser Technik drückt man ein Blatt Papier auf eine mit Farbe oder Tinte bemalte Fläche. Die Farbe wird auf das Papier übertragen bzw. gedruckt.

Lasst uns darüber sprechen!

Was ist bei diesem Projekt hinsichtlich Vorgehensweise und Zusammenarbeit mit einem Partner zu beachten?

Wie unterscheiden sich Malen und Drucken?

Wortschatz

drucken

Monotypie

Material

- weißes Papier DIN A3
- Temperafarbe (verschiedene Farben)
- Pinsel für jede Farbe
- Klebeband
- Papierhandtücher zum Saubermachen
- glatte, versiegelte Tischfläche (Es eignen sich auch ausreichend große Stücke Linoleum, abwaschbare Schreibtischunterlagen oder Plexiglas)

Hinweise

- Stellen Sie sicher, dass die Druckfläche sauber und glatt ist. Stellen Sie so viele Druckflächen zur Verfügung wie möglich. Es ist empfehlenswert, dass Erwachsene das Drucken überwachen.
- Kittel sind nützlich.
- Die Schüler sollten beim eigentlichen Druckvorgang paarweise arbeiten. Beide Schüler sollten den Druck signieren.
- Das Papier sollten die Schüler möglichst nicht mehr verschieben, wenn es einmal auf der bemalten Fläche liegt.

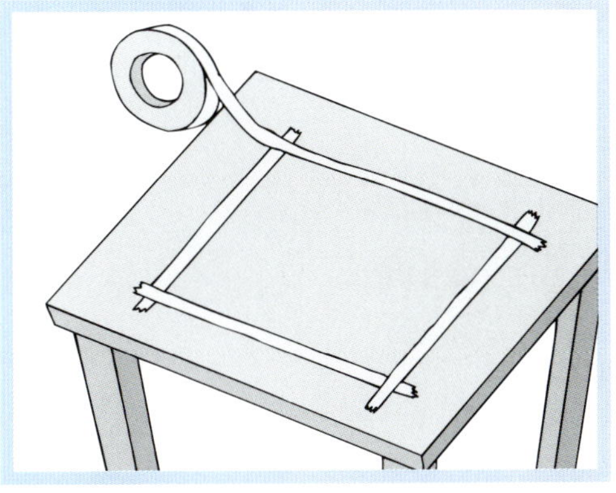

Schritt 1

Schritt 2

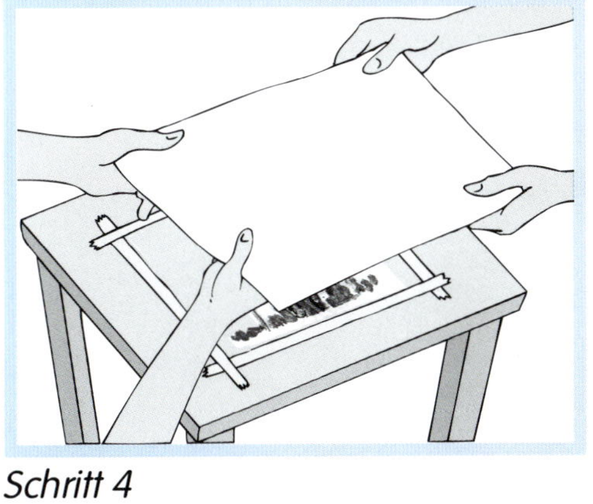

Schritt 4

Schritt für Schritt

1 Markieren Sie auf einer glatten Tischfläche (oder einer Unterlage) einen Bereich im DIN-A3-Format mit Klebeband.

2 Die Schüler malen innerhalb dieser Markierung mit Temperafarben direkt auf den Tisch (oder die Unterlage).

3 Lassen Sie jeden Schüler einen Partner wählen, der beim Abdruck des Bildes hilft.

4 Die Partner halten das Papier an beiden Seiten und legen es vorsichtig über das Bild auf dem Tisch. Anschließend drücken sie das ganze Blatt sorgfältig an, ohne zu reiben und das Papier zu verschieben.

5 Die Schüler heben das Papier ab: Die Farbe wurde auf die Unterseite übertragen. Sie lassen den Druck trocknen.

6 Die Schüler machen den Tisch (oder die Unterlage) sauber und bereiten ihn für die nächsten beiden Schüler vor.

Mit Ausstechförmchen drucken

Auf diese Weise lassen sich leicht Papiertüten, Platzdeckchen, Brief- und Geschenkpapier mit Mustern herstellen, die der Jahreszeit oder dem Anlass angepasst sind.

Wortschatz

drucken

Komplementärfarben

Musterbildung

Material

- Papiertüten oder Papier
- Temperafarben
- kleine Ausstechförmchen
- Pappteller für die Farben

Hinweise

- Bereiten Sie eine Arbeitsfläche für eine kleine Gruppe von Kindern vor. Legen Sie fest, wo die Werke trocknen sollen.
- Die Schüler sollten ein Muster planen, bevor sie mit dem Drucken beginnen. Helfen Sie ihnen dabei.

Lasst uns darüber sprechen!

Diskutiert die Bedeutung von Design und Musterbildung beim Drucken.

Denkt an all die verschiedenen Dinge, mit denen man drucken kann.

Schritt 2

Schritt 3

Schritt für Schritt

1 Ermuntern Sie die Schüler, sich verschiedene Muster und Gestaltungsmöglichkeiten zu überlegen.

2 Die Schüler tauchen die scharfe Kante des Ausstechförmchens in einen Klecks Farbe auf dem Teller. Sie pressen das Ausstechförmchen anschließend auf eine Papiertüte oder auf Papier. Sie drücken das Ausstechförmchen fest auf und heben es dann an. Die Ausstechform darf nicht mehr verschoben werden, wenn sie einmal auf dem Papier liegt.

3 Die Schüler drucken weiter, um das Muster zu vervollständigen. Bevor sie eine neue Farbe verwenden, machen sie die Ausstechförmchen jedes Mal sauber.

4 Die Schüler lassen die Drucke trocknen.

Verschiedene Techniken zum Ausprobieren:

- Weiße Papiertüten farbig bedrucken
- Farbiges Papier oder farbige Papiertüten mit weißer Farbe bedrucken
- Mit verschiedenen Formen drucken oder mit einer Form, aber verschiedene Farben
- Farben überlappen lassen
- Verschiedene Formen und Farben zu einem Muster kombinieren
- Fertige Drucke auf kontrastfarbenes Papier kleben
- Für Grußkarten und Geschenkpapier Motive, die zum Anlass passen, wählen

Drucken mit Naturmaterial

Wir drucken mit Naturmaterial, das wir auf einem Spaziergang gesammelt haben.

Lasst uns darüber sprechen!

Warum eignet sich Schwarz gut als Hintergrund für dieses Projekt?

Mit welchen Techniken lassen sich klare, deutliche Druckbilder erzeugen?

Wortschatz

Design
drucken
Kontrastfarben
Oberflächenstruktur

Material

- schwarzes Tonpapier im Format 15 × 42 cm (DIN A3, längs halbiert)
- Temperafarben
- Pinsel für jede Farbe
- frische Blätter, Blüten, Rinde etc.
- Zeitungspapier

Hinweise

- Machen Sie mit den Kindern einen Spaziergang, um Naturmaterialien zu sammeln.
- Bereiten Sie eine mit Zeitungspapier bedeckte Druckecke vor.
- Arbeiten Sie in kleinen Gruppen, sodass Materialien gemeinsam genutzt werden können.
- Ersetzen Sie welke Blätter und Blüten durch frische.

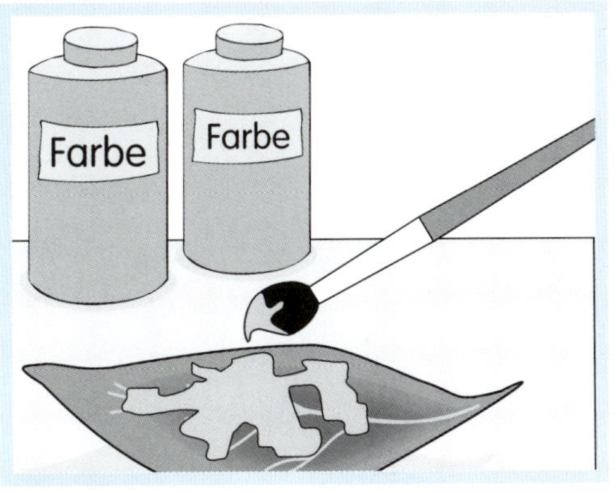

Schritt 2

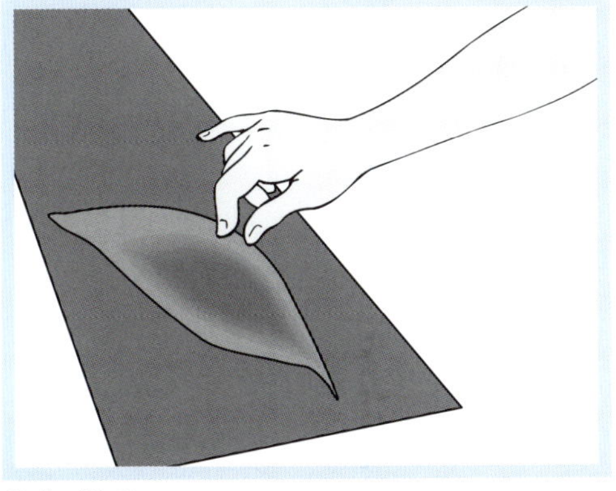

Schritt 3

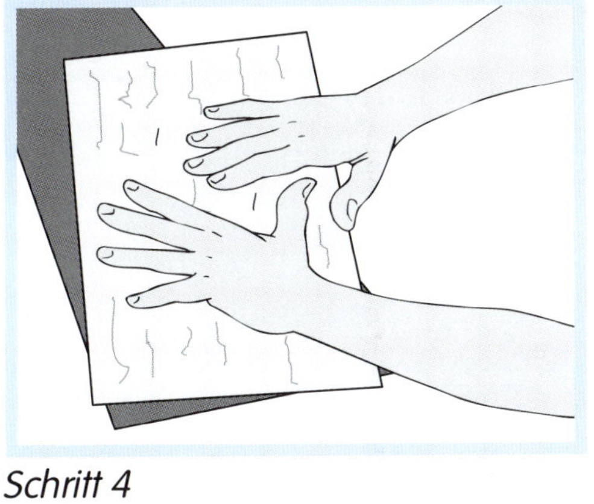

Schritt 4

Schritt für Schritt

1 Geben Sie jedem Schüler ein Stück schwarzes Tonpapier im Format 15 × 42 cm. Lassen Sie ihnen Zeit, verschiedene Anordnungen der gesammelten Materialien auszuprobieren.

2 Die Schüler entscheiden sich für eine Farbzusammenstellung. Zeigen Sie, wie man die Blätter, Blüten etc. einfärbt.

3 Die Schüler legen das eingefärbte Objekt mit der Farbseite nach unten auf das schwarze Papier.

4 Die Schüler legen ein Stück Zeitungspapier darüber und drücken es fest an. Sie heben das Zeitungspapier und das Blatt oder die Blüte hoch – der Druck auf dem schwarzen Papier wird sichtbar.

5 Die Schüler vervollständigen das Muster. Ermuntern Sie die Schüler, mit verschiedenen Farbzusammenstellungen zu experimentieren. Sie werden herausfinden, dass Kontrastfarben am wirkungsvollsten sind.

Kontrastfarben

Kontrast ist der Unterschied zwischen den Farben oder Farbtönen in einem Kunstwerk.
Durch die Verwendung kontrastierender Farben direkt nebeneinander lassen sich Bildteile betonen. Es ist wichtig, dass sich der Schwerpunkt eines Bildes deutlich vom Hintergrund abhebt, um Aufmerksamkeit zu erregen. Der Schwarz-Weiß-Kontrast ist der extremste Kontrast.

starker Kontrast

schwacher Kontrast

mittlerer Kontrast

Seifenblasendrucke

Wir gestalten Drucke allein mit Seifenblasen!

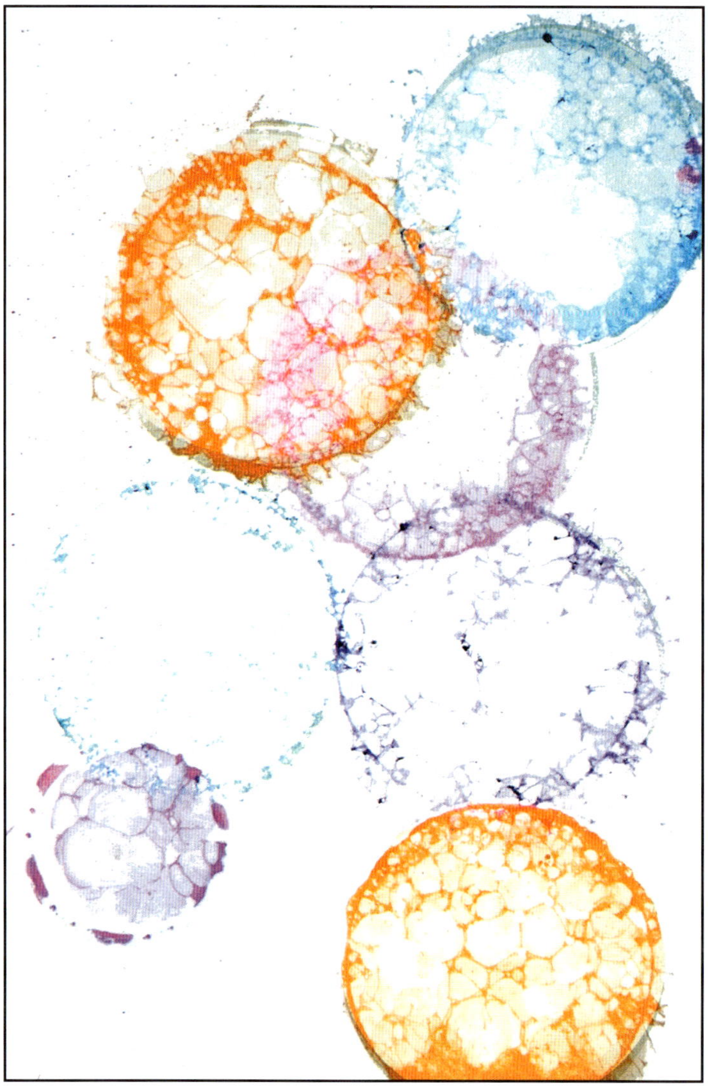

Wortschatz

drucken

Primärfarben

Sekundärfarben

Material

- weißes Papier (DIN A4)
- Wasser
- flüssiges Geschirrspülmittel
- Temperafarben
- Kunststofftrinkhalme
- Plastikbecher oder -schalen
- Papierhandtücher
- Messbecher

Hinweise

- Bereiten Sie Arbeitsplätze für kleine Gruppen vor.
- Legen Sie vorher einen Platz zum Trocknen fest.
- Verwenden Sie aus Sicherheitsgründen ungiftige Farben und ein ungiftiges Geschirrspülmittel.

Lasst uns darüber sprechen!

Was sind Primär- und Sekundärfarben?

Warum ist weißes Papier bei diesem Projekt als Untergrund vorzuziehen?

Schritt 2

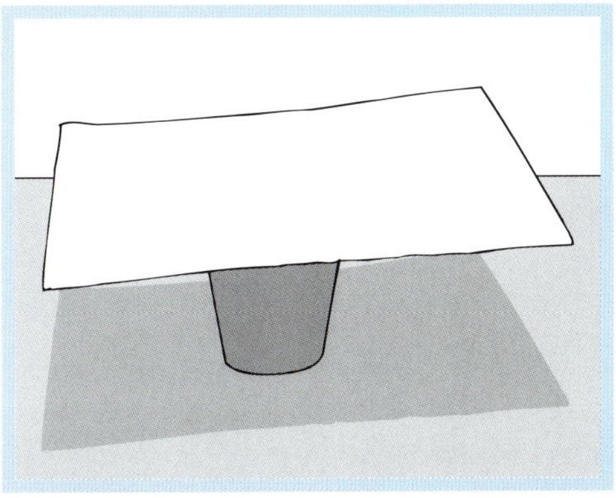

Schritt 3

Schritt für Schritt

1 Es kann sinnvoll sein, dass die Schüler diese Technik zuerst auf einem Blatt Schmierpapier ausprobieren. Sie müssen sich vor dem endgültigen Druck auch entscheiden, welche Farben sie verwenden wollen.

2 Die Schüler tauchen den Trinkhalm in die Seifenblasenmixtur und blasen so lange, bis die Blasen über den Rand des Gefäßes quellen. Sie entfernen den Trinkhalm.

3 Die Schüler legen vorsichtig ein Blatt Papier auf die Blasen und warten, bis sie zerplatzen.

4 Die Schüler heben das Papier an und bestaunen das Ergebnis. Sie legen den Druck zum Trocknen zur Seite.

5 Vielleicht möchten die Kinder mehrfach übereinander drucken und mit größeren und kleineren Blasen und Farbkombinationen experimentieren. Lassen Sie die Schüler ausprobieren, wie sie pusten müssen, um besonders große oder sehr kleine Blasen zu erzeugen. Lassen Sie die Drucke jeweils zwischendurch trocknen.

Die Seifenblasenmixtur herstellen

Wasser, Farbe und Geschirrspülmittel zu gleichen Teilen in Bechern oder Schüsseln mischen.

Fehlerbehebung:

- Wenn die Mixtur Blasen wirft, die Blasen aber nicht über den Gefäßrand quellen, Wasser zugeben.
- Wenn die Mischung überhaupt keine Blasen wirft, Geschirrspülmittel zugeben.
- Wenn die Blasen zu blass sind, Farbe zugeben.

Kreidedrucke

Wir drucken ein Bild unter Verwendung von Pastellkreiden und Schablonen und ergänzen Details mit Fineliner und Stempelfarbe.

Lasst uns darüber sprechen!

Warum ist die Wahl der Farbzusammenstellung wichtig?

Warum bezeichnet man manche Farben als kühl und andere als warm?

Warum ist hier die Verwendung von Fixativ notwendig?

Wortschatz

Farbzusammenstellung	Fixativ
kühle Farben	warme Farben
Pastellkreiden	Schablone

Material

- weißes Papier (DIN A4)
- Zeitungspapier
- Pastellkreiden
- Kartonstreifen 5 × 30 cm, mindestens fünf pro Schüler
- Watteböllchen, mehrere pro Person
- Schere
- schwarzer Filzstift, für jeden Schüler einen
- schwarzes Stempelkissen
- Fixativspray

Hinweise

- Bereiten Sie für jüngere Schüler Schablonen vor.
- Schlagen Sie den Schülern vor, sich beim Schneiden der Schablonen von Formen aus ihrer Umgebung anregen zu lassen: den rechteckigen Formen von Gebäuden oder den geschwungenen Formen von Hügelketten und Wellen. Die Schnittlinien sollten nicht zu kompliziert sein.
- Bieten Sie nach jedem Farbwechsel frische Watteböllchen an, damit sich die Farben nicht vermischen und schmutzig werden.
- Ermuntern Sie die Schüler, sich vorher Gedanken über das Design und die Farbzusammenstellung zu machen.
- Verwenden Sie Fixativspray nur in einem gut durchlüfteten Bereich.

Schritt 1

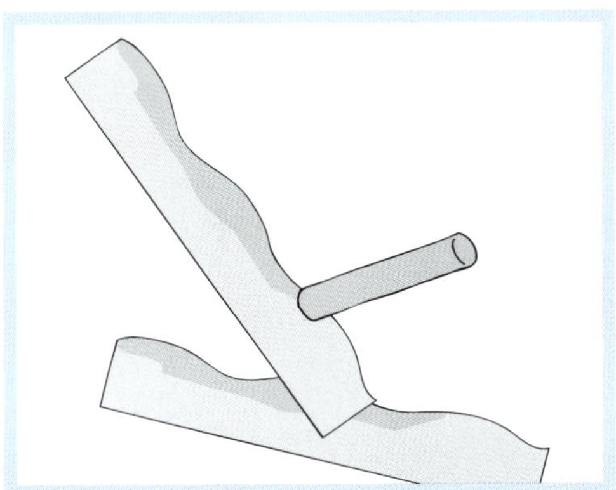

Schritt 2

Schritt 3

Schritt für Schritt

1 Die Schüler schneiden aus den Kartonstreifen Schablonen. Dabei gestalten sie die Kanten der Streifen unterschiedlich.

2 Die Schüler legen die erste Schablone auf das Zeitungspapier und bedecken die Schnittkante mit einer Schicht Kreide.

3 Die Schüler legen die Schablone anschließend an der gewünschten Stelle auf das weiße Papier und halten sie gut fest. Jetzt reiben sie die Kreide mithilfe eines Wattebällchens auf das Papier. Sie heben dann die Schablone vorsichtig ab und begutachten das Ergebnis.

4 Die Schüler wiederholen den Vorgang mit den anderen Schablonen, bis das ganze Papier bedeckt ist. Für jede Farbe verwenden sie eine neue Schablone.

5 Lassen Sie die Schüler mit Stempelfarbe und Filzstift Objekte wie Tiere, Bäume, Gebäude, Menschen etc. einfügen. Die Schüler drücken dazu eine Fingerspitze auf das Stempelkissen und anschließend auf das Papier. Anschließend betonen sie mit schwarzem Filzstift die Konturen der entstandenen Figuren und ergänzen Details wie z. B. Beine von Tieren.

6 Besprühen Sie das fertige Objekt mit Fixativ, damit die Kreidefarben nicht verschmieren.

Lasst uns über Farbzusammenstellungen reden!

Kühle Farben wie Blau-, Violett- und Grüntöne lassen an Meere oder Gebirge denken.

Warme Farben wie Orange-, Gelb- und Rottöne können an Wüsten oder Sonnenuntergänge erinnern.

Fantasievögel

Wir drucken mit Federn Vögel mit farbenfrohem Gefieder.

Lasst uns darüber sprechen!

Welche anderen Naturobjekte können zum Drucken verwendet werden?

Wie entwickelt sich ein Design von der ursprünglichen Idee bis zum fertigen Produkt?

Ist es leichter, einen Vogel zu malen oder ihn mit dieser Methode zu drucken?

Wortschatz

drucken

Fantasie

realistisch

Material

- Temperafarben
- Pappteller mit Farbe
- Pinsel für jede Farbe
- Papierhandtücher
- Wattestäbchen (für jeden Schüler eins)
- Tonpapier DIN A3
- Federn (mehrere pro Schüler)
- Filzstifte mit breiter Spitze

Hinweise

- Stellen Sie die Materialien so zusammen, dass die Schüler in kleinen Gruppen arbeiten können.
- Die Schüler sollten Kittel oder ausrangierte Hemden tragen.
- Wenn die Schüler die Federn eingefärbt haben, sollten sie die Federäste mit den Fingern trennen, um das federartige Aussehen zu erhalten. Die Federn dürfen nicht in Farbe getränkt werden, dabei geht die Struktur verloren. Ersetzen Sie durchweichte Federn durch neue.
- Zeigen Sie Bilder und Fotos von echten Vögeln. Weisen Sie auf die vielen verschiedenen Farben und Formen der Federn hin. Diskutieren Sie, wie sich realistische Vogelbilder von den Fantasiedrucken unterscheiden.

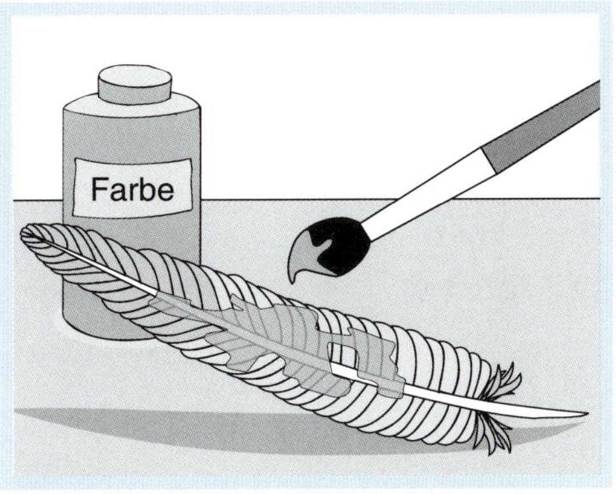

Schritt 2

Schritt 3

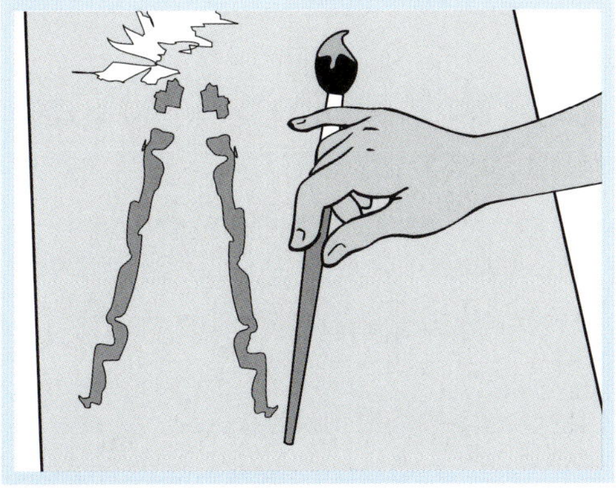
Schritt 5

Schritt 7

Schritt für Schritt

1 Die Schüler überlegen, wie der Fantasievogel aussehen soll, danach entscheiden sie, ob sie das Papier im Hoch- oder Querformat verwenden. Die Schüler möchten vielleicht zur Orientierung die Umrisse eines Vogels mit Bleistift aufzeichnen.

2 Die Schüler färben die eine Seite der Feder ein und legen sie mit dieser Seite nach unten auf das Papier. Fordern Sie die Schüler dazu auf, von oben nach unten zu arbeiten, um das Verschmieren von Farben zu vermeiden.

3 Die Schüler legen ein Papierhandtuch auf die Feder und drücken sie sanft. Dann entfernen sie das Papierhandtuch und heben die Feder vorsichtig hoch. Der Abdruck wird sichtbar.

4 Lassen Sie die Kinder mit weiteren Federn drucken, bis der Körper des Vogels fertig ist. Legen Sie die bedruckten Blätter zum Trocknen auf die Seite.

5 Sobald die Drucke trocken sind, tunken die Schüler den Stiel eines Pinsels in einen der Teller mit Farbe, sodass eine Seite eingefärbt wird. Lassen Sie die Kinder mit dem Pinselstiel die Beine ihrer Vögel drucken.

6 Während die Beine trocknen, tunken die Schüler ein Wattestäbchen in Farbe und drucken die Augen.

7 Nachdem die Farbe getrocknet ist, zeichnen Sie mit einem Filzstift die Füße und den Schnabel.

Angelausflug

Die Schüler gestalten in Mischtechnik eine Unterwasserszene, die einen Eindruck von räumlicher Ausdehnung und Bewegung vermittelt.

Wortschatz

Hintergrund

Mischtechnik

Vordergrund

Material

- weißes Zeichenpapier DIN A4 oder DIN A3
- Wachsmalkreiden
- Kunststofffische (im Spielwarenhandel erhältlich)
- schwarze Temperafarbe oder Druckertinte
- Walze oder Pinsel
- Zeitungspapier
- Wattebällchen
- Papierhandtücher

Lasst uns darüber sprechen!

Was versteht man unter Mischtechnik?

Zeigt das Kunstwerk Bewegung und Tiefe?

Was befindet sich im Vordergrund, was im Mittelgrund und was im Hintergrund?

Hinweise

- Diese Aufgabe eignet sich für Schüler jeden Alters und lässt sich gut in kleinen Gruppen durchführen.
- Beschaffen Sie kleine Fische, die das Blatt nicht ausfüllen. Anstatt der Kunststofffische können auch frische Fische verwendet werden.
- Zeigen Sie, wie Objekte, die sich etwas rechts oder links der Mitte befinden, aussehen, als kämen sie heran oder bewegten sich weg.

Schritt 1

Schritt 2

Schritt 4

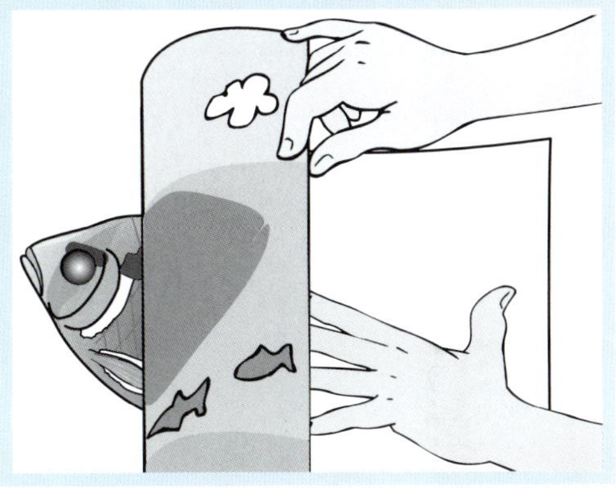

Schritte 5 und 6

Schritt für Schritt

1 Die Schüler malen mit Wachsmalkreiden eine Unterwasserszene auf das Papier. Ermuntern Sie die Schüler, das Blatt mit allen Dingen zu füllen, die unter Wasser zu finden sind.

2 Geben Sie Farbe oder Tinte auf eine glatte Oberfläche und rollen Sie mit einer Walze gleichmäßig hin und her, bis diese vollständig bedeckt ist. Wenn keine Walze und keine Tinte zur Verfügung stehen, können die Schüler auch mit Pinsel und Farbe arbeiten.

3 Die Schüler legen den Fisch auf eine Zeitung.

4 Die Schüler färben den Fisch vom Kopf her in Richtung Schwanz mit der Farbwalze ein. Sie heben den Fisch vorsichtig hoch und legen ihn auf eine saubere Zeitung.

5 Ermuntern Sie die Schüler, ihre Zeichnung genau zu betrachten und zu entscheiden, wo der Fischabdruck platziert werden soll. Dann legen die Schüler das Zeichenpapier mit der Rückseite nach oben auf den eingefärbten Fisch. Sie streichen mit den Fingern von der Mitte des Fischs her bis zu seinen Rändern über das Papier.

6 Die Schüler nehmen das Papier vorsichtig vom Fisch ab und lassen es trocknen.

Schnurdrucke

Wir stellen Schnurdrucke im Reliefstil her. Die Motive wählen wir in Anlehnung an ein Unterrichtsthema.

Wortschatz

Reliefabdruck

seitenverkehrtes Bild

Textur

Material

- Schnur oder Garn
- Weißleim in Dosierflasche
- dicker Karton (DIN A5)
- Walze
- Temperafarben
- Schmierpapier
- Tonpapier (DIN A4)
- Bleistifte

Hinweise

- Verwenden Sie eine hochwertige Schnur, die der nassen Farbe standhält.
- Halten Sie das Muster einfach.
- Achten Sie darauf, dass die Schnur gut auf dem Karton befestigt ist.
- Arbeiten Sie mit kleinen Gruppen und zeigen Sie, mit wie viel Farbe gearbeitet wird. Die Walze sollte vollständig von einer dünnen, gleichmäßigen Farbschicht bedeckt sein.

Lasst uns darüber sprechen!

Was ist ein Reliefabdruck?

Wie unterscheidet sich der Druck vom Originalbild auf dem Karton?

Woher kommt der Eindruck von Textur beim Schnurdruck?

Schritte 1 und 2

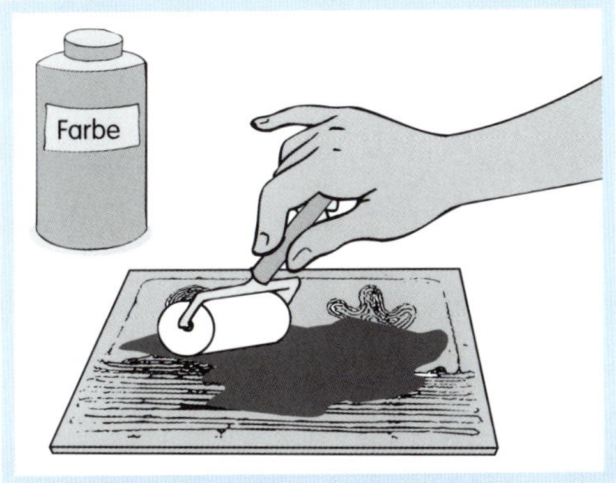

Schritt 5

Schritt 6

Schritt für Schritt

1 Die Schüler skizzieren auf dem Karton ein einfaches Bild.

2 Sie bestreichen die Konturen mit Leim und kleben eine Schnur auf. Nun bedecken die Schüler das Innere des Motivs mit Leim und füllen es vollständig mit der Schnur aus.

3 Die Schüler lassen das Bild trocknen.

4 Die Schüler geben Temperafarbe auf eine glatte Oberfläche. Sie rollen die Walze über die Farbe, bis sie vollständig von einer dünnen, gleichmäßigen Farbschicht bedeckt ist.

5 Lassen Sie die Schüler mit der eingefärbten Walze leicht über das Schnurbild rollen. Dabei muss darauf geachtet werden, dass sich die Schnur nicht verschiebt. Die Schnur sollte auch nicht mit der Farbe gesättigt werden. Wenig Farbe genügt völlig.

6 Die Schüler legen das Schmierpapier über das Motiv und rubbeln leicht darüber. Dann ziehen sie das Papier ab und kontrollieren den Druck.

7 Wenn die Schüler mit dem Druckbild auf dem Schmierpapier zufrieden sind, können sie auf Tonpapier drucken. Falls erforderlich, färben sie das Schnurbild zwischendurch neu ein.

Namensstempel

Seit tausenden von Jahren werden in Asien Kunstwerke mit Namensstempeln signiert. Hier ist ein leichter Weg, die Schüler in diese Tradition einzuführen.

Lasst uns darüber sprechen!

Wie unterscheidet sich das Drucken in verschiedenen Kulturen?

Warum war die Erfindung des Drucks eine bedeutsame Entwicklung in der Geschichte?

Welche alltäglichen Gegenstände sind das Ergebnis eines Druckvorgangs?

Wortschatz

Namensstempel

seitenverkehrter Druck

Material

- 5 × 8 cm große Rechtecke aus geschäumten Verpackungsschalen für Fleisch oder aus Moosgummi (4 mm dick)
- Bleistifte
- Temperafarbe (verschiedene Farben)
- Pinsel
- Schmierpapier (5 × 8 cm)
- Tonpapier (DIN A4)

Hinweise

- Waschen Sie die Verpackungsschalen mit Seife und Wasser aus, damit die Farbe später besser haften bleibt.
- Lassen Sie die Schüler ihre Namensschilder hinterher benutzen, um selbst verfasste Bücher, eigene Bilder etc. zu kennzeichnen.
- Es lassen sich auch Stempel mit anderen Motiven, z. B. mit Tieren und Pflanzen, herstellen.
- Diese Stempel haben in China auch heute noch im täglichen Leben eine Bedeutung: Eine Unterschrift wird erst rechtsgültig, wenn der Stempel daneben gesetzt ist. Es wird mit spezieller roter Farbe gedruckt.

Schritt 1

Schritt 2

Schritt 3

Schritt 4

Schritt für Schritt

1 Geben Sie jedem Kind ein Stück Verpackungsschale oder Moosgummi, ein kleines Stück Schmierpapier und einen Bleistift. Fordern Sie die Schüler dazu auf, ihren Namen in Druckbuchstaben gut lesbar auf das Papier zu schreiben und dabei kräftig mit dem Stift aufzudrücken.

2 Die Schüler legen das Schmierpapier verkehrt herum auf das Verpackungsmaterial oder Moosgummi. Wenn beim Schreiben gut genug aufgedrückt wurde, ist der Name in Spiegelschrift auf der Rückseite erkennbar. Sie fahren die Buchstaben jetzt kräftig nach, um sie auf die Unterlage zu übertragen.

3 Die Schüler bestreichen das Stück Verpackungsschale dünn mit Temperafarbe. Ermuntern Sie die Schüler zu experimentieren, um herauszufinden, welche Farbmenge zum besten Ergebnis führt.

4 Die Schüler drücken als Test den Namensstempel auf ein Stück Schmierpapier. Sie heben den Stempel ab, um das Druckergebnis zu begutachten. Der Name sollte deutlich lesbar sein.

5 Lassen Sie die Schüler eine neue Schicht Farbe auftragen und mehrfach auf das Tonpapier drucken, sodass ein Muster entsteht. Zwischen den Druckvorgängen müssen sie den Stempel abwischen und neue Farbe auftragen.

Stempel aus Gummi

Wir stellen Stempel her, mit denen wir Briefpapier, Karten, Geschenkanhänger oder Lesezeichen schmücken oder unser Eigentum kennzeichnen.

Wortschatz

Medium	drucken
positiv	negativ

Material

- Schmierpapier
- Bleistift
- Formy-Stempel, große Radiergummis, Stempelgummi oder Linoleum (je nach Alter der Schüler)
- wasserlösliche Filzstifte mit breiter Spitze
- Schnitzwerkzeug
- Schablonen oder kleine Ausstechförmchen
- Tonpapier

Hinweise

- Wenn Sie die Arbeit mit Schnitzwerkzeug demonstrieren, weisen Sie immer auf die Sicherheitsregeln hin:

  Die Hand, die das Objekt hält, befindet sich in Körpernähe und immer **hinter** dem Werkzeug.

  Vom Körper weg schnitzen.

  Immer nur kleine Stücke herausschneiden.
- Verwenden Sie wasserlösliche Filzstifte, die Farben können dann leicht mit Wasser entfernt werden. Das Druckmedium muss vor jedem Farbwechsel, z. B. mit einem feuchten Tuch, gesäubert werden.
- Die Schüler sollten sich mit einem einfachen Motiv begnügen und Buchstaben meiden.
- Damit die Farbe nicht eintrocknet, muss beim Drucken zügig gearbeitet werden.

Lasst uns darüber sprechen!

Wie geht man richtig mit Schnitzwerkzeug um?

Was versteht man hier unter positiv und negativ? (Positiv: Das Motiv ragt aus dem Hintergrund hervor und wird farbig gedruckt. Negativ: Das Motiv ist ausgespart, der Hintergrund wird farbig gedruckt.)

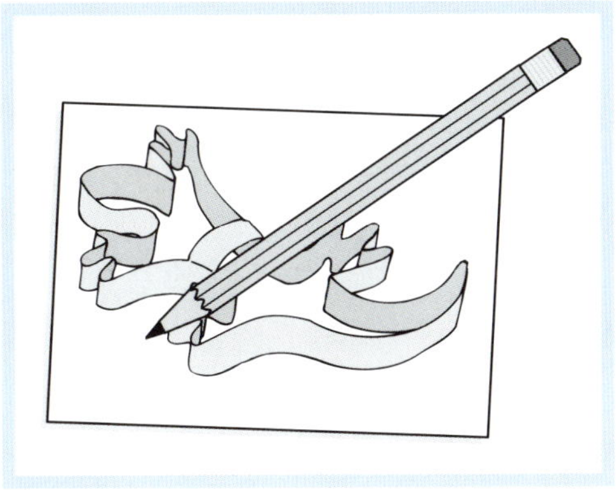

Schritt 1

Schritt 2

Schritt 3

Schritt für Schritt

1 Die Schüler zeichnen ein Motiv auf das Schmierpapier, indem sie eine Schablone oder ein Ausstechförmchen umfahren. Sie ziehen die Konturen kräftig nach, sodass die Linien auf der Papierrückseite deutlich zu erkennen sind.

2 Nun legen die Schüler das Papier umgekehrt auf den Stempelrohling. Sie fahren das Motiv kräftig nach, sodass sich die Kontur auf dem Gummiblock abzeichnet.

3 Lassen Sie die Schüler das Motiv mit Schnitzwerkzeug herausarbeiten. Vorher müssen sie entscheiden, ob das Motiv positiv oder negativ erscheinen soll.

4 Die Schüler bemalen die druckende Oberfläche mit wasserlöslichem Filzstift. Sie drehen den Stempel schnell um und drucken auf das Schmierpapier.

5 Nach einigen Probedrucken können die Schüler auf dem endgültigen Papier drucken. Lassen Sie die Schüler mit verschiedenen Möglichkeiten experimentieren, ein Blatt Papier unter Verwendung desselben Motivs zu füllen. Wie verändern verschiedene Farbkombinationen das Endergebnis?

Positiv oder negativ?

Dasselbe Motiv kann auf beiden Seiten des Blocks herausgearbeitet werden.

Auf der einen Seite wird dann der Hintergrund herausgeschnitten (positiv), auf der anderen Seite das Motiv (negativ). Lassen Sie die Schüler den Stempel an eine Papierkante legen und ein Motiv neben dem anderen drucken, indem sie den Stempel immer weiter abrollen.

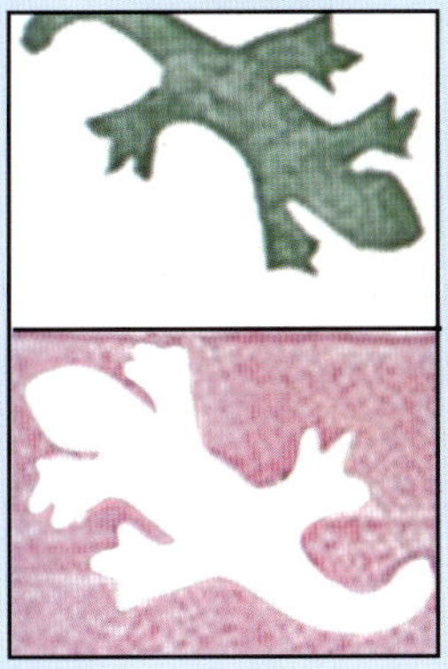

Was versteht man unter „drucken“?

Drucken ist eine Kunstform, bei der ein Bild mittels Tinte oder Farbe auf eine andere Oberfläche übertragen wird. Die Druckvorlage ist das eigentliche Bild.

Man kann mit durchgeschnittenem Obst oder Gemüse, mit einem Blatt, so etwas einfachem wie einer Schnur oder mit einer Schnitzerei in Holz drucken. Das schöne an den Druckvorlagen ist, dass sie immer wieder verwendet werden können!

Drucken eignet sich gut, um den Schülern grundlegende Gestaltungsprinzipien beizubringen.

Die Schüler lernen durch Wiederholung von Formen und Farben interessante Muster zu erzeugen.
Egal, welche Druckmethode Sie verwenden, geben Sie den Schülern viel Zeit, verschiedene Gestaltungsmöglichkeiten zu erkunden.

Basteln und Werken mit Recyclingmaterialien

Papiermaschee-Tabletts

Wir stellen aus alten Zeitungen und Verpackungsschalen dekorative Tabletts her und beschäftigen uns dabei mit der Kunst des Papiermaschees.

Wortschatz

Papiermaschee

Material

- Verpackungsschalen verschiedener Farbe und Größe (nicht aus Pappe)
- Zeitschriften
- Zeitungspapier (gerissen oder in Streifen geschnitten)
- Wasser
- Scheren
- Schüssel für das Gemisch
- Kleister (s. Hinweis auf Seite 107)
- Lack
- Weißleim
- Pinsel

Lasst uns darüber sprechen!

Was ist Papiermaschee? Wer hat es erfunden?

Was bedeutet Papiermaschee?

Was hat Papiermaschee mit Modellieren zu tun?

Hinweise

- Spülen Sie alle Verpackungsschalen in Seifenwasser und lassen Sie sie trocknen.
- Richten Sie einen Arbeitsplatz her und veranlassen Sie, dass die Schüler Kittel tragen.
- Um zu verhindern, dass das Papier zu sehr aufweicht, bitten Sie die Schüler, jedes Stück Papier einzeln in den Kleister zu tauchen, statt alles auf einmal zuzugeben.

Schritt für Schritt

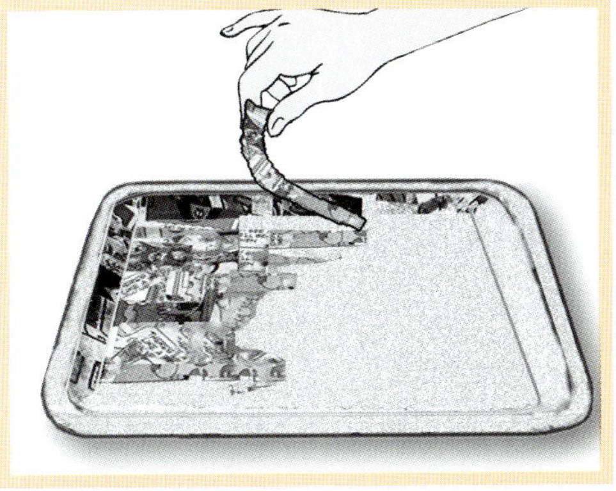

Schritt 2

Schritt 3

Schritt 5

1. Lassen Sie die Schüler die Zeitungen in Streifen reißen. Rühren Sie den Kleister (s. Hinweis unten) in Schüsseln oder Eimern an.

2. Die Schüler tauchen jeden Papierstreifen einzeln in den Kleister. Sie streifen den überflüssigen Kleister ab und legen den Streifen auf das Tablett. Zu viel Leim führt zu langen Trockenzeiten.

3. Die Schüler glätten jedes Stück Papier und lassen die Stücke überlappen, sodass sich saubere Kanten ergeben. Sie folgen der Form des Tabletts. Sobald eine Seite bedeckt ist, lassen sie das Objekt trocknen.

4. Nun behandeln die Schüler die andere Seite des Tabletts ebenso. Sie lassen immer wieder Papier überlappen, bis die ganze Oberfläche bedeckt ist. Gründlich trocknen lassen.

5. Lassen Sie die Schüler farbenfrohe Bilder aus den Zeitschriften ausschneiden. Sie tauchen die Bilder in den Kleister und streichen sie auf der Oberseite des Tabletts glatt. Trocknen lassen. Dann verzieren sie auch die Unterseite des Tabletts mit Bildern.

6. Sobald das Tablett ganz trocken ist, tragen die Schüler eine dünne Schicht Weißleim auf, um die Oberfläche zu schützen. Die Tabletts können auch noch lackiert werden. Das Lackieren sollte ein Erwachsener an einem gut durchlüfteten Ort übernehmen.

Für Papiermaschee kann man unterschiedliche Kleistermischungen verwenden:

Methode 1: ein Teil Weißleim auf zwei Teile Wasser gut mischen.

Methode 2: Tapetenkleister nach Anweisung anrühren.

Collagen

Wir schmücken leere Plastikflaschen und beschäftigen uns dabei mit dem Thema Collage.

Lasst uns darüber sprechen!

Vergleicht die Techniken Collage und Papiermaschee.

Welche Materialien lassen sich für Collagen verwenden?

Warum ist es bei Collagen wichtig, die Schichten überlappen zu lassen?

Wortschatz

Collage
Design
recycelt/Recycling

Material

- Kunststoffflaschen oder -kannen
- Scheren
- Leim – gleiche Teile Weißleim und Wasser
- Schüsseln (für das Leimgemisch)
- Pinsel
- Bilder aus Zeitschriften oder Prospekten
- Seiden- oder Geschenkpapier
- Sprühlack (optional)

Hinweise

- Die Schüler wählen kleine Bilder aus Zeitschriften oder Prospekten, z. B. von Pflanzen, Blüten, Vögeln und kleinen Tieren, als Dekoration.
- Lassen Sie die Kinder Kittel tragen und an einem vorgegebenen Platz arbeiten, da Kleidung und Umgebung bei diesem Projekt leicht dreckig werden.

Schritt für Schritt

Schritt 1

Schritte 2 und 3

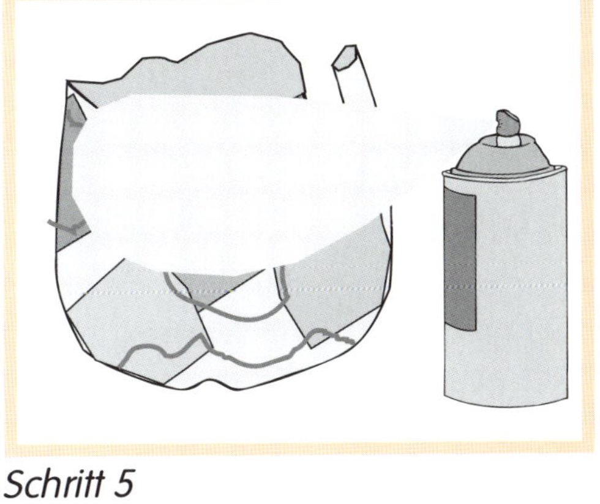
Schritt 5

1 Die Schüler waschen einen leeren Behälter aus und trocknen ihn. Sie schneiden das Oberteil ab, um die gewünschte Größe zu erreichen.

2 Die Schüler schneiden das Seiden- oder Geschenkpapier in kleine Stücke. Sie bestreichen die Oberfläche des Gefäßes mit Leim, legen die Papierschnipsel auf und streichen mit einem Pinsel Leim darüber. Diese Lage lassen sie trocknen.

3 Lassen Sie die Schüler Bilder aus alten Zeitschriften oder Prospekten ausschneiden und Reste von Borten, Kordeln, Schnüren sammeln, mit denen die Collage ergänzt werden kann.

4 Die Schüler befestigen die Bilder und andere Schmuckgegenstände auf dem Gefäß und überstreichen sie mit Leim. Sie sollten darauf achten, dass alle Ränder gut festgeklebt sind. Sie kleben verschiedene Motive übereinander und erzeugen so ein ansprechendes Gesamtbild. Der Schlüssel zu einer gelungenen Collage ist das sorgfältige Überlappen der Papierkanten.

5 Lassen Sie die Gefäße über Nacht trocknen. Lackieren Sie sie anschließend, wenn gewünscht.

Was versteht man unter Collage?

Collage ist eine Kunstform, bei der aus einer Kombination verschiedener Papiere und Gewebe ein neues Bild entsteht. Die einzelnen Objekte werden auf einen festen Untergrund geklebt.

Sammelalben

Wir stellen für ein Sammelalbum einen Einband aus Karton und Zeitungen her.

Wortschatz

Bucheinband

Vor- und Nachsatz

Material

- starker Karton
- Zeitungen
- Weißleim, mit etwas Wasser verdünnt
- Pinsel
- Lineal
- Bleistift
- Cutter oder kräftige Schere
- Lochzange
- Garn oder Schnürsenkel

Lasst uns darüber sprechen!

Welche anderen Materialien können für einen Bucheinband oder eine Bildermappe verwendet werden?

Welche Möglichkeiten gibt es, die Bindung zu verdecken?

Hinweise

- Ein Cutter ist hilfreich, um den dicken Karton zu schneiden.
- Sie benötigen eine große Arbeitsfläche.
- Verwenden Sie dieses Buch als Sammelbuch oder Album für Arbeiten, die die Schüler aufheben möchten.

Schritte 1 und 2

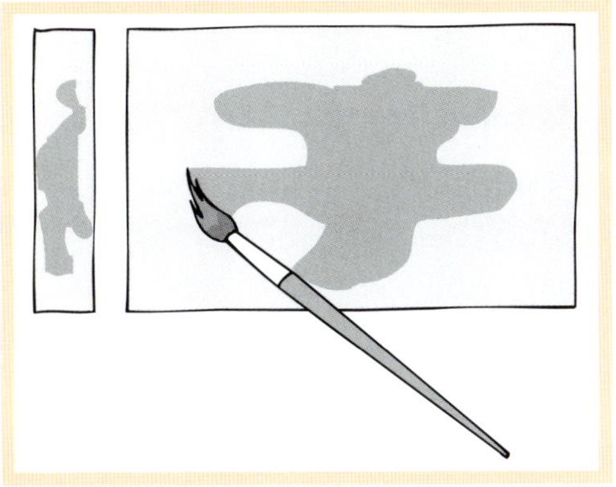

Schritt 4

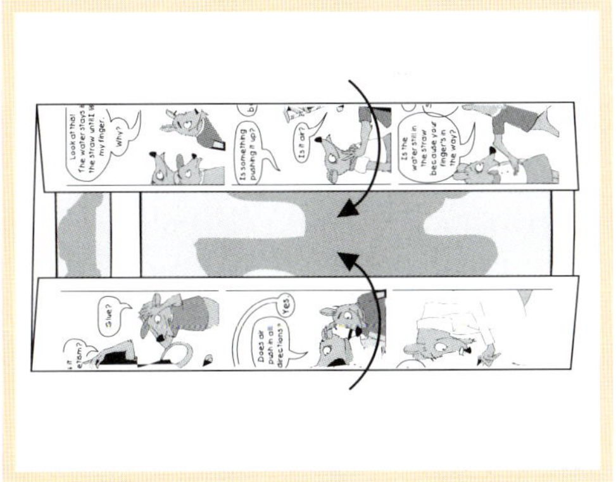

Schritt 5

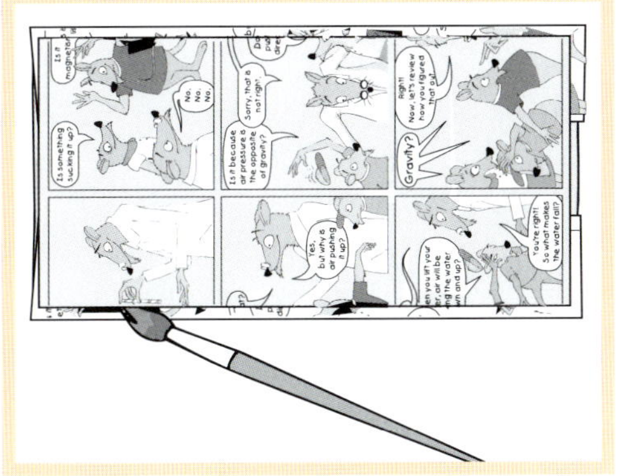

Schritt 6

Schritt für Schritt

1 Die Schüler schneiden den Karton in der gewünschten Größe zu. Sie benötigen zwei gleich große Stücke. Von beiden Kartonstücken schneiden die Schüler je einen 5 cm breiten Streifen ab. Dieses schmale Stück bildet ein Gelenk, wenn die beiden Teile mithilfe von Zeitungspapier verbunden sind, sodass der Buchdeckel aufgeschlagen werden kann.

2 Die Schüler wählen interessant aussehende Zeitungsseiten aus. Comicseiten eignen sich für bunte Einbände. Die Schüler schneiden zwei Rechtecke aus, die größer sind als der Karton und insbesondere oben und unten deutlich überstehen.

3 Die Schüler legen die Kartonstücke in die Mitte des Zeitungsrechtecks und umfahren sie mit Bleistift. Die schmalen Gelenkstreifen liegen jeweils neben den breiten Kartonstücken. Der Abstand zwischen schmalem und breitem Kartonstück sollte etwa 0,5 cm betragen.

4 Die Schüler heben den Karton ab, legen ihn neben die Zeitung und bestreichen die eine Seite mit der Mischung aus Leim und Wasser. Sie legen den Karton mit der Leimseite nach unten an die markierte Stelle auf die Zeitung.

5 Nun bestreichen die Schüler die Kanten und die Oberseite des Kartons mit Leim. Sie schlagen das Zeitungspapier um den Karton und drücken es fest.

6 Lassen Sie die Schüler Zeitungsblätter für die Einbandinnenseiten zuschneiden. Sie sollten rundherum 2 mm kleiner sein als der Karton. Die Einbandinnenseiten werden aufgeklebt.

7 Wenn beide Deckel fertig sind und der Leim getrocknet ist, stanzen die Schüler in die linken Ränder Löcher und benutzen Schnürsenkel oder Garn, um das Buch zusammenzuhalten.

Krimskrams-Bilderrahmen

Wir stellen aus Karton und Recyclingmaterial einen Bilderrahmen her.

Wortschatz

Design

dreidimensional

Recycling

Material

- zwei Stücke Karton in derselben Größe
- Weißleim oder anderer Klebstoff in Flaschen
- Fundstücke – Trinkhalme, Flaschenkorken, Flaschenverschlüsse, Garn, Knöpfe etc.
- Schere
- Klebeband

Hinweise

- Verwenden Sie die Rückseiten von leeren Schreibblöcken oder Kartons von Müsli etc. Lassen Sie die Schüler Gegenstände unterschiedlicher Größe, Form und Farbe sammeln und untereinander austauschen.

Lasst uns darüber sprechen!

Vor welche neuen Herausforderungen bei der Planung eines Designs stellt uns die Verwendung dreidimensionaler Objekte?

Welche Art Themen-Rahmen könnt ihr euch als Ergänzung zu bestimmten Fotos oder Kunstwerken vorstellen?

Schritt 2

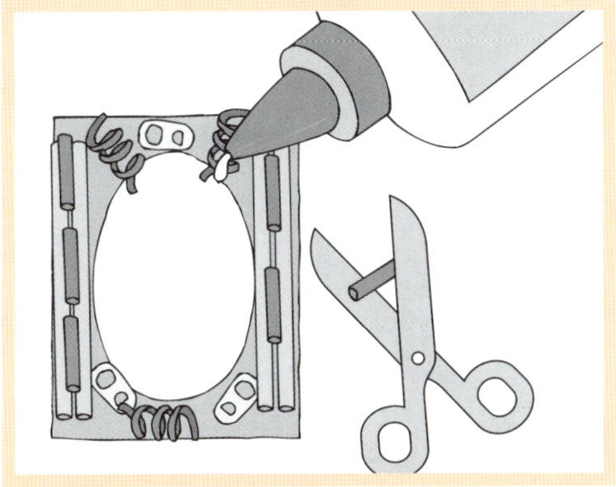

Schritt 3

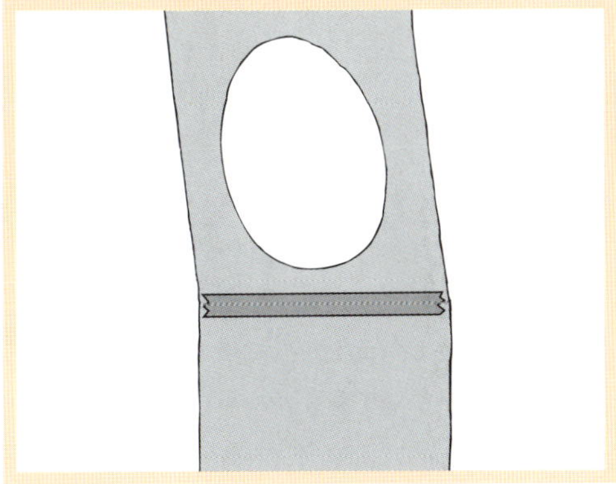

Schritt 4

Schritt für Schritt

1 Jeder Schüler benötigt zwei gleich große Stücke Karton.

2 Aus der Mitte des einen Kartons schneiden die Schüler für den Rahmen ein Rechteck, einen Kreis, ein Oval oder eine beliebige Form aus.

3 Die Schüler kleben die Fundstücke auf den Rahmen. Sie beginnen mit den größeren Objekten. Ermuntern Sie die Schüler, Muster zu kleben und Längen, Farben, Formen und Größen der Objekte zu variieren.

4 Wenn der Leim getrocknet ist, legen die Schüler den Rahmen über den anderen Karton. Dabei müssen sie darauf achten, dass die Kanten gerade sind. Sie klappen den oberen Teil weg und verbinden die beiden Teile des Rahmens auf der Innenseite mit Klebeband, sodass sich ein Scharnier bildet.

5 Die Schüler legen ein Lieblingskunstwerk oder Foto ein und kleben es fest.

Gestaltungsprinzipien

- Wiederholung von Formen, Linien oder Farben

  Wiederkehrende Formen tragen zur Kontinuität bei.

- Variation von Größen und Formen

  Die Verwendung von großen und kleinen Objekten erweckt Interesse.

- Kontrastfarben

  Durch die Verwendung von Kontrastfarben ist das Muster leichter zu erkennen.

Fensterschmuck

Wir stellen mit einfachen Metallbearbeitungstechniken dekorativen Fensterschmuck her.

Wortschatz

Metallkunst
Schablone
Volkskunst

Material

- Kuchenteller aus Alufolie
- Nägel
- Hammer oder Holzklotz
- Reste dicken Kartons
- volkstümliche Muster
- Stift und Papier
- Faden

Hinweise

- Bei dieser Aufgabe sollten Sicherheitsaspekte betont werden, da die Schüler mit Hammer und Nägeln arbeiten.
- Teller aus Alufolie eignen sich am besten. Die Schüler können das Muster leicht übertragen und es erfordert wenig Kraft, das Muster mit dem Nagel in den Teller zu lochen. Die Schüler sollten auf einer Kartonunterlage arbeiten, um zu verhindern, dass Tisch oder Boden beschädigt werden.

Lasst uns darüber sprechen!

Wie unterscheidet sich Metallkunst von anderen Kunstformen wie z. B. Schnitzen und Weben?

Was stellt ein Kunstschmied her?

Schritt 1

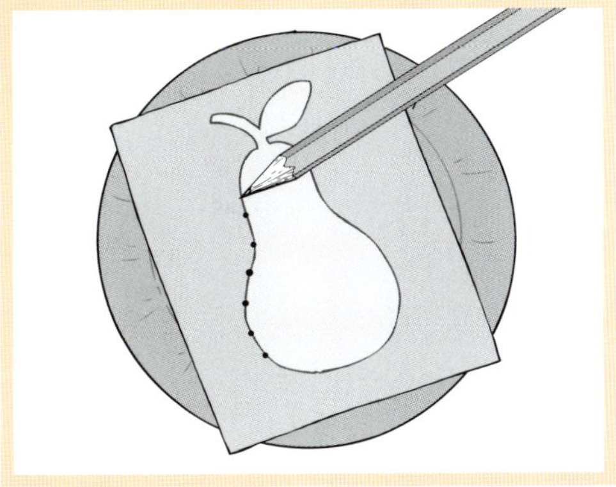

Schritt 2

Schritt 3

Schritt für Schritt

1 Die Schüler zeichnen ein einfaches Muster auf Papier als Schablone.

2 Die Schüler legen die Schablone auf die flache Innenseite des Alutellers. Sie fahren das Muster mit einem Bleistift nach und drücken dabei leicht in die weiche Folie. Die Schablone wird dann entfernt.

3 Lassen Sie die Schüler den Kuchenteller auf einen Karton legen. Die Schüler schlagen entlang der Musterlinien mit Nagel und Hammer Löcher. Es genügt ein Schlag pro Loch. Die Löcher sollten mindestens 0,5 cm, maximal aber 1,25 cm voneinander entfernt sein.

4 Die Schüler halten das fertige Objekt ans Licht, um festzustellen, wo evtl. zusätzliche Löcher erforderlich sind.

5 Die Schüler machen ein Loch für einen Aufhängefaden, hängen das fertige Objekt ans Fenster und lassen das Licht durchscheinen.

Beispiele für volkstümliche Muster

Talismane nach Zuni-Art

Wir wenden einfache Schnitztechniken an und lernen gleichzeitig etwas über die Kultur amerikanischer Ureinwohner.

Wortschatz

Talismane

modellieren

schnitzen

Zuni

Material

- Seifenreste
- Wasser in Tassen
- Plastikmesser oder Schnitzwerkzeug
- Zahnstocher
- Garn oder Faden
- Kiesel, Perlen, Federn

Hinweise

- Bitten Sie die Schüler, Seifenreste mitzubringen. Weichen Sie die Reste in Wasser auf und pressen Sie dann Stücke zusammen, die groß genug zum Schnitzen sind.
- Zeigen Sie den Schülern Bilder von Talismanen, die die Zuni geschaffen haben. Diskutieren Sie diese Kunstform und ihre Verwendung. Wecken Sie bei den Schülern Verständnis für diesen Aspekt des Lebens der Zuni.
- Jüngere Schüler schnitzen mit Plastikmessern, ältere können Schnitzwerkzeug benutzen. Besprechen Sie vor dem Schnitzen die Sicherheitsregeln.

Lasst uns darüber sprechen!

Wie unterscheiden sich Schnitzen und Modellieren? Was ist gemeinsam?

Warum bezeichnet man Schnitzen als Kunstform?

Welche Materialien und Werkzeuge benutzen Schnitzer?

Viele Naturvölker schnitzen zeremonielle Gegenstände und Werkzeuge. Welche Bedeutung haben Schnitzereien für den modernen Menschen?

Schritt 1

Schritt 2

Schritt 5

Schritt für Schritt

1 Betrachten Sie Bilder von Talismanen oder einfachen Tierformen. Lassen Sie die Schüler mithilfe eines Zahnstochers einen einfachen Umriss auf das Seifenstück zeichnen.

2 Die Schüler schnitzen das Tier. Dabei entfernen sie immer nur kleine Seifenstücke, bis sie die gewünschte Grundform erreicht haben. Falls die Seife bricht, feuchten sie sie an und glätten sie anschließend mit den Fingern.

3 Sobald das Tier herausgearbeitet ist, glätten die Schüler die Kanten mit Wasser. Mit einem Zahnstocher ergänzen sie Einzelheiten wie Augen, Federn oder Fell.

4 Die Talismane werden auf einem Papierhandtuch getrocknet. Sie müssen dabei von Zeit zu Zeit gedreht werden, um zu verhindern, dass sie am Papier hängen bleiben.

5 Wenn das Werkstück ganz getrocknet ist, befestigen die Schüler nach Zuni-Art mit Garn oder Faden Kieselsteine, Perlen und Federn.

Dreidimensionale Dekorationen aus Papier

Wir falten dreidimensionale Dekorationen aus alten Zeitschriften.

Wortschatz

Dekoration

dreidimensional

Material

- Zeitschriften (in allen Formaten)
- Sprühfarben (alle Farben)
- Faden
- Heftmaschine

Hinweise

- Mit verschiedenen Faltungen erhalten Sie unterschiedliche Muster:

  Falten Sie die Seiten zweimal statt nur einmal.

  Falten Sie die Hälfte der Seiten, wenden Sie dann die Zeitschrift und falten Sie weiter. Sie erhalten ein gedrehtes Muster.
- Lassen Sie die Schüler verschiedene Faltungen ausprobieren und dabei die Effekte entdecken, die sie erzielen können.
- Eine dünne Gold- oder Silberschicht verleiht einen edlen Schimmer.

Lasst uns darüber sprechen!

Wie haben wir bei diesem Projekt die räumliche Ausdehnung erreicht?

Inwiefern kann man diese Technik für andere Zwecke als zur Herstellung von Dekorationen verwenden?

Wie nennt man die japanische Kunst des Papierfaltens? (Origami)

Schritt 1

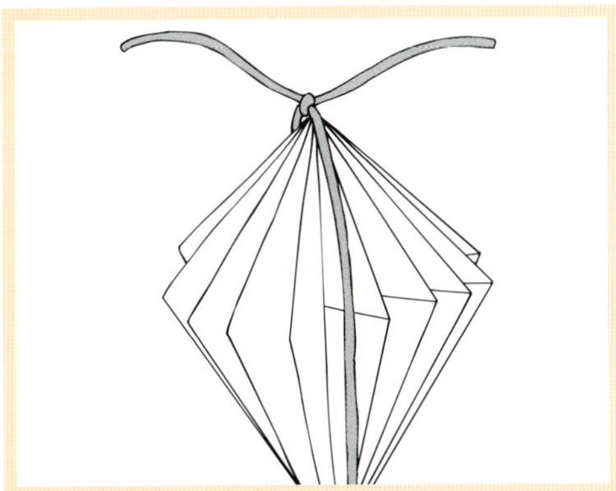

Schritt 2

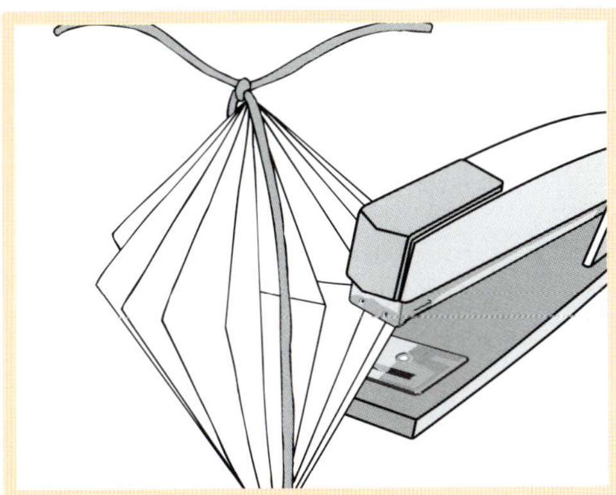

Schritt 3

Schritt für Schritt

1 Jeder Schüler bekommt eine Zeitschrift. Die Schüler falten zunächst jede Seite von der rechten oberen Ecke bis zur Mitte. Dann falten sie jeweils die untere Ecke nach oben. Die Faltkanten ziehen sie mit dem Fingernagel nach. Sämtliche Seiten werden auf diese Weise gefaltet.

2 Anschließend legen die Schüler den Faden in die Mitte der Zeitschrift und binden ihn fest. Sie lassen ihn so lang, dass man die Dekoration aufhängen kann.

3 Die Schüler biegen die Umschlagvorderseite zur Umschlagrückseite um, sodass eine dreidimensionale Form entsteht. Sie klammern die Umschlagseiten zusammen. (Wenn die Zeitschriften sehr dünn sind, lassen Sie die Schüler zwei Hefte falten und aneinander tackern.)

4 Die Werke werden mit Farbe besprüht. – Das Besprühen sollte ein Erwachsener an einem gut durchlüfteten Platz übernehmen.

5 Die Objekte werden zum Trocknen aufgehängt.

Waschmittelbehälter einmal anders

Wir beschäftigen uns mit dem Thema Tarnung und gestalten eine Aufbewahrungsbox aus einem alten Waschmittelbehälter.

Lasst uns darüber sprechen!

Wie wird Tarnung in der Natur genutzt?

Wie nutzen Menschen optische Täuschungen?

Könnt ihr euch vorstellen, wie optische Täuschungen in der Kunst verwendet werden?

Wortschatz

optische Täuschung

Tarnung

Material

- leere Waschmittelbehälter mit Deckel
- Tapetenreste (in Kontrastfarben)
- Ausstechförmchen oder Schablonen
- Bleistift
- Schere
- mit Wasser verdünnter Leim
- Pinsel
- Zeitungspapier

Hinweise

- Planen Sie voraus und bitten Sie örtliche Tapetengeschäfte, veraltete Musterbücher für Sie aufzuheben. Die meisten Muster wird es in verschiedenen Farben geben. Sie eignen sich perfekt für dieses Projekt.

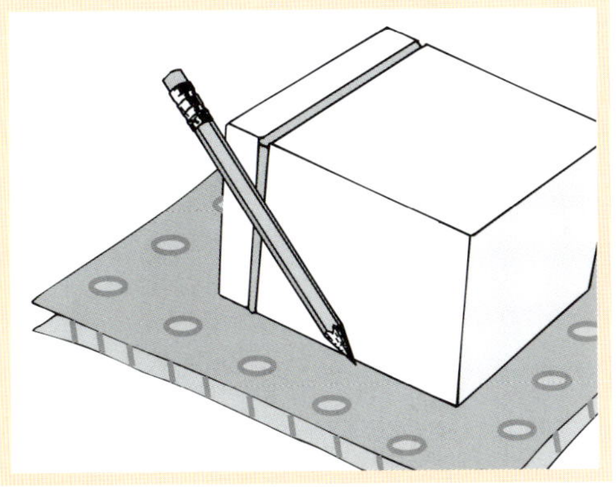

Schritt 2

Schritt 3

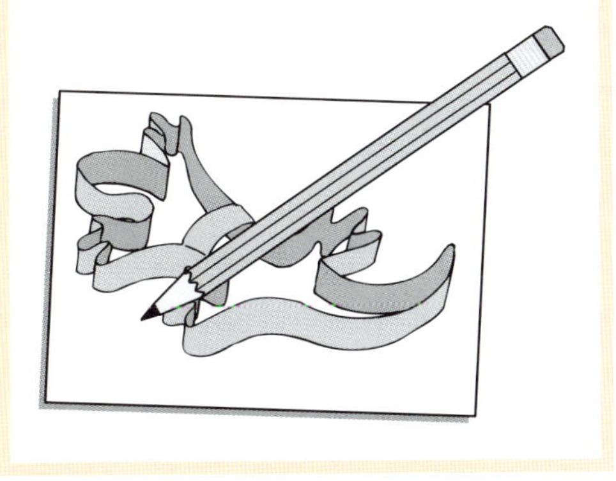

Schritt 4

Schritt für Schritt

1. Die Schüler wählen Tapetenreste mit gleichem oder ähnlichem Muster, aber in verschiedenen Farben aus. Sie überlegen, welches Stück wohin passt.

2. Die Schüler legen den leeren Waschmittelbehälter auf die Tapetenstücke und umfahren die Kanten mit einem Bleistift. Sie schneiden die Stücke aus.

3. Lassen Sie die Schüler die ausgeschnittenen Tapetenstücke mit der Oberseite nach unten auf Zeitungspapier legen. Dann tragen die Schüler den Leim mit einem Pinsel auf und kleben das Papier an. Der gesamte Karton wird bedeckt.

4. Die Schüler umfahren mit dem Bleistift die Ausstechförmchen oder Schablonen auf weiteren Tapetenstücken. Sie schneiden die Objekte aus und kleben sie auf den Behälter. Wenn die Schüler gestreifte Tapete benutzen, sollten sie versuchen die Stücke so anzuordnen, dass die Formen möglichst effektiv verborgen werden.

5. Die Schüler lassen den beklebten Behälter trocknen und verwenden ihn z. B. als Sammelbox für Materialien für künftige Projekte.

Bei diesem Projekt werden Bildausschnitte auf einen gemusterten Hintergrund gelegt. Ziel ist es, das Papier für das Bild im Vordergrund so zu wählen, dass dieses mit dem Hintergrund verschmilzt.

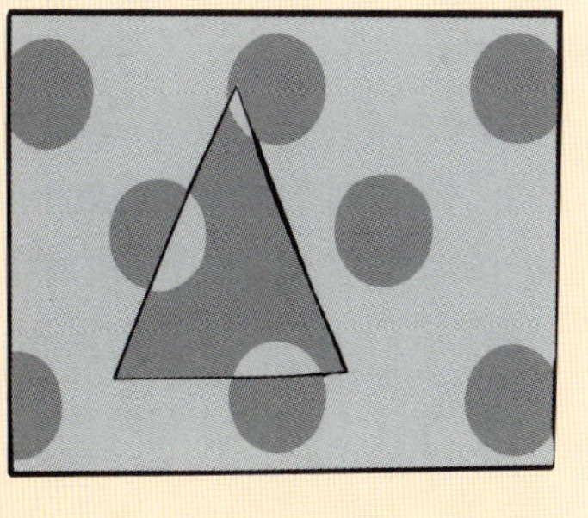

Leuchten aus Blechdosen

Wir benutzen verschiedene Werkzeuge, um aus leeren Blechdosen Leuchten herzustellen.

Wortschatz

Design

Leuchte

Metallkunst

Material

- Blechdosen (in allen Formen und Größen)
- Zangen-Dosenöffner (um die Böden zu entfernen)
- Hebel-Dosenöffner (um Löcher/Dreiecke zu machen)
- Hammer
- Nägel
- Farbspray (alle Farben)
- Zeitungspapier
- Teelicht oder Grablicht
- Stift
- Schablonen (optional)

Hinweise

- Bei diesem Projekt sollte die Sicherheit betont werden. Dicke Handschuhe sind zu empfehlen. Wenn Sie mit jüngeren Schülern arbeiten, kann es sinnvoll sein, dass ein Erwachsener die Dosen auswäscht, die Löcher stanzt und die scharfen Kanten glättet.
- Lassen Sie die Kinder Dosen sammeln und vorsichtig auswaschen. Entfernen Sie die Böden mit einem Dosenöffner.
- Ermuntern Sie die Kinder, die Dosen rundherum zu bearbeiten, damit das Licht überall durchscheinen kann.
- Achten Sie darauf, dass für die Arbeit mit dem Hammer genügend Platz zur Verfügung steht. Möglicherweise legen Sie für diese Aktivität eine Sicherheitszone fest.

Lasst uns darüber sprechen!

Was hat dieses Projekt mit Metallkunst zu tun?

Aus welchen anderen Materialien könnte man auch Leuchten herstellen?

Leuchten und Windlichter wurden in vielen Kulturen verwendet. Welche Verwendungen kennt ihr?

Schritt 1

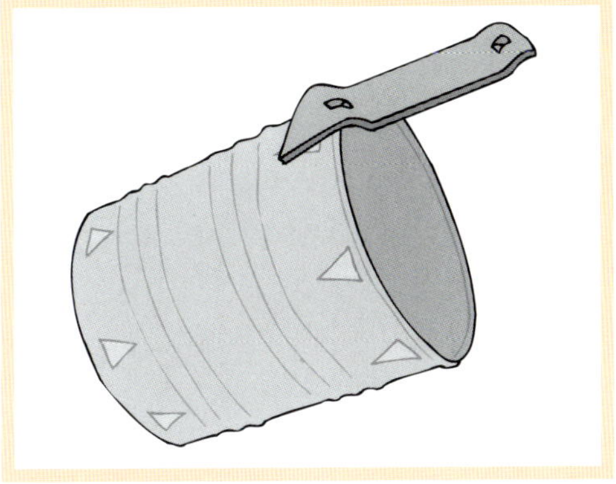

Schritt 2

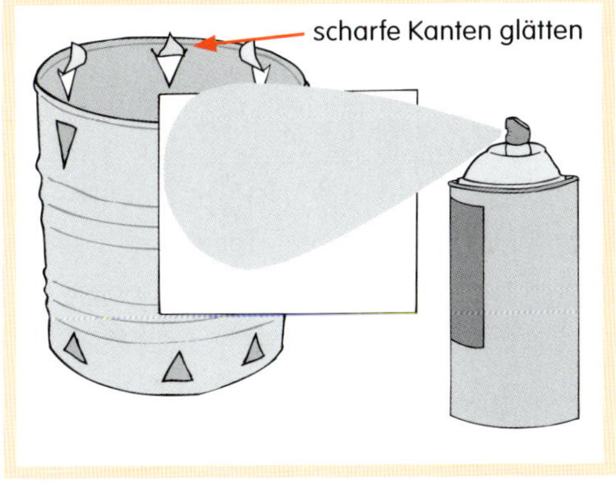

Schritt 3

Schritt für Schritt

1 Die Schüler zeichnen mit einem Stift vorher das gewünschte Muster auf oder lassen das Muster bei der Arbeit entstehen.

2 Die Schüler arbeiten zuerst mit den Dosenöffnern. Sie benutzen den Hebeldosenöffner, um entlang der oberen und unteren Kante der Dose dreieckige Löcher anzubringen. Sie glätten alle scharfen Kanten. Dann schlagen sie mit Hammer und Nagel Löcher in die Dosenwand. Damit die Dose nicht zusammengedrückt wird, dürfen sie nur leicht hämmern.

3 Sobald das Muster fertig ist, besprühen die Schüler die Dose mit Farbe. Sie können Schablonen benutzen, um ein Farbmuster zu ergänzen. Der Arbeitsplatz wird großzügig mit Zeitungspapier abgedeckt. Die Farbe darf nur an einer gut durchlüfteten Stelle und abseits von Hitzequellen benutzt werden.

4 Die Schüler stellen die Leuchte über ein angezündetes Tee- oder Grablicht und beobachten das Lichtmuster.

Wie man Schablonen benutzt

1. Die Schüler schneiden eine Schablone aus dickem Papier (oder benutzen eine gekaufte).

2. Sie halten die Schablone über die Stelle, die verziert werden soll und sprühen die Farbe dünn über die Schablone.

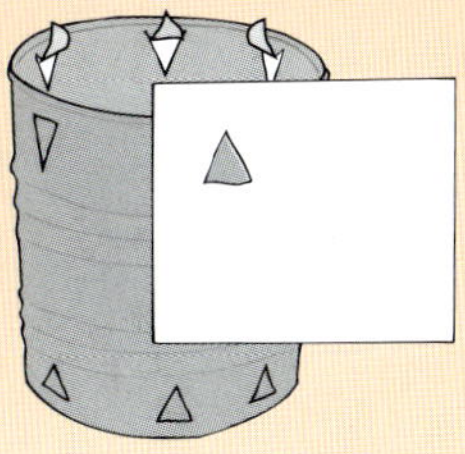

Mit Wachsmalkreiden gefärbte Kerzen

Wir lernen, wie man Kerzen herstellt und setzen dabei wieder verwertbares Material ein.

Wortschatz

Docht (Gieß-)Form Paraffin

Material

- zerbrochene Wachsmalkreiden oder Reste (ohne Schutzpapier)
- Wachs (Paraffin)
- Docht oder Faden
- Kochthermometer
- Wasserbad
- Gießformen (Milchpackungen, Joghurtbecher, Dosen etc.)
- Speiseöl
- Wärmequelle
- Zeitungspapier

Lasst uns darüber sprechen!

Diskutiert darüber, wie und warum Kerzen ursprünglich benutzt wurden.

Schaut euch verschiedene Arten von Kerzen genau an. Worin ähneln und worin unterscheiden sie sich?

Manche Kerzen bestehen aus Bienenwachs. Welche Struktur zeigen sie?

Hinweise

- Lassen Sie bei der Arbeit mit heißem Wachs immer Vorsicht walten.
- Schmelzen Sie niemals Wachs direkt auf einer Wärmequelle! – Benutzen Sie immer ein Wasserbad. Das kochende Wasser verhindert, dass sich das Wachs entzündet. Das Schmelzen und Gießen von heißem Wachs sollte einem Erwachsenen vorbehalten bleiben.
- Arbeiten Sie über Zeitungspapier, das erleichtert die Spurenbeseitigung.
- Kerzen mit zwei verschiedenen Farbschichten kann man herstellen, indem man zuerst eine Farbe einfüllt, sich setzen lässt und dann die zweite Farbe darüber gießt.
- Dieses Projekt klappt nicht mit allen Wachsmalkreiden. Unbedingt vorher ausprobieren!

Schritte 2 und 3

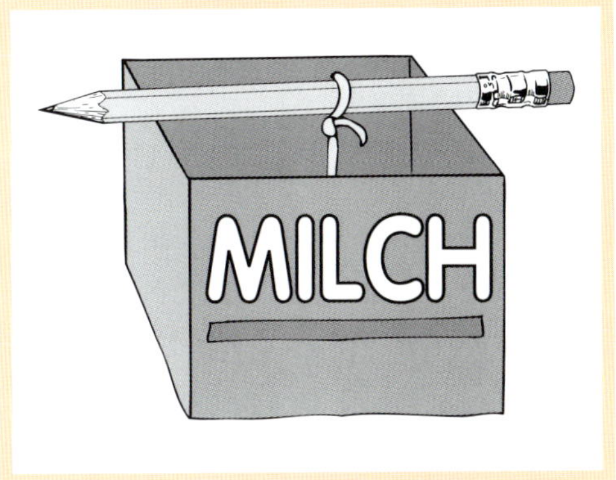

Schritt 4

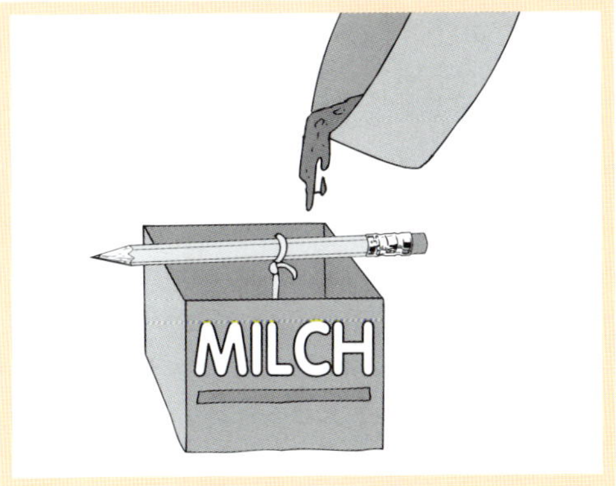

Schritt 6

Schritt für Schritt

1 Die Schüler sortieren anhand eines Farbkreises die Wachsmalkreiden nach mischbaren Farben. Um eine grüne Kerze herzustellen, geben sie grüne oder zu gleichen Teilen gelbe und blaue Kreiden zum Wachs.

2 Die Schüler stellen sicher, dass die Gießformen sauber sind. Sie bestreichen die Innenseiten dünn mit Speiseöl, damit sich die fertigen Kerzen leichter aus der Form holen lassen.

3 Die Schüler bohren in den Boden der Form ein kleines Loch für den Docht. Sie fädeln anschließend den Docht oder Faden durch das Loch und sichern ihn außen mit einem Knoten oder verwenden fertige Dochte mit Metallfüßchen aus dem Bastelgeschäft.

4 Um sicherzustellen, dass der Docht auch gerade verläuft, wickeln die Schüler das obere Ende um einen Bleistift, den sie auf die Form legen.

5 Die Schüler brechen das Paraffin in Stücke und stellen es zusammen mit dem Thermometer in einem Gefäß ins Wasserbad. Ein Erwachsener erhitzt das Wachs auf ungefähr 80 °C und gibt die Wachsmalstifte zu. Auf einen Becher Wachs kommen etwa drei Wachsmalkreiden.

6 Wenn die Wachsmalstifte geschmolzen sind, gießt ein Erwachsener die Mischung vorsichtig in die Formen.

7 Die Kerzen müssen mindestens drei Stunden in den Formen stehen, bevor sie rausgedrückt werden können. Papierformen wie Milchkartons können dann einfach weggerissen werden.

Mosaik-Porträts

Wir gestalten ein Porträt in Mosaiktechnik aus farbigen Papiertüten.

Wortschatz

Mosaik

Porträt

Material

- dünner Karton (beliebige Größe)
- Weißleim, mit etwas Wasser vermischt
- Pinsel für den Leim
- farbige Papiertüten
- Becher
- Stifte

Hinweise

- Sammeln Sie für dieses Projekt Papiertüten, die in verschiedenen Farben bedruckt sind, z. B. Tierfuttertüten, Einkaufstüten, alte Geschenktüten etc.
- Zeigen Sie Porträts bekannter Maler und vergleichen Sie die Stile.
- Sprechen Sie über die Anordnung der verschiedenen Teile eines Gesichts, um den Schülern die Planung ihrer Porträts zu erleichtern (siehe auch Seite 78 unten).

Lasst uns darüber sprechen!

Wie unterscheidet sich ein Mosaik von einem gemalten Porträt?

Welche anderen Materialien könnten wir verwenden?

Schritt 1

Schritt 2

Schritt 3

Schritt 4

Schritt für Schritt

1 Die Schüler skizzieren auf dem Karton mit Bleistift ein einfaches Porträt eines Freundes. Sie beginnen mit einem Oval für das Gesicht und ergänzen Augenbrauen, Augen, Nase und Mund. Auf allzu viele Details sollten sie verzichten.

2 Die Schüler zerreißen die Tüten in kleine Schnipsel und sortieren die Schnipsel nach Farben. Lassen Sie die Schüler vorher überlegen, welche Farben und Strukturen sie für ihr Mosaik verwenden wollen.

3 Die Schüler streichen Leim auf den Hintergrund ihrer Zeichnung. Sie verteilen dann die farbigen Schnipsel auf dem Leim, bis der gesamte Hintergrund bedeckt ist. Es ist eine gute Idee, die Schnipsel überlappen zu lassen. Zum Andrücken der Schnipsel sollten die Schüler die Pinsel benutzen und die Finger sauber halten. Der Leim trocknet farblos ab.

4 Jetzt bestreichen die Schüler die Haare ihres Porträts mit Leim und bedecken sie mit zerrissenem Papier.

5 Die Schüler beschäftigen sich nun mit dem Gesicht. Sie markieren die Konturen mit Papierschnipseln. Nachdem die „Haut" bedeckt ist, kleben sie Lippen, Augen und Augenbrauen auf. Die Schüler zerreißen die farbigen Papierstücke weiter, damit sie kleine Flächen wie Augen und Lippen füllen können.

6 Ermuntern Sie die Schüler Kleidung, einen Hut oder andere Einzelheiten zu ergänzen.

7 Die Schüler überprüfen, ob alle Papierschnipsel gut festkleben. Sie lassen das Mosaik trocknen.

Patchwork aus Papier

Wir gestalten Patchwork aus Tapetenresten.

Wortschatz

Design

Kontrast

Musterbildung

symmetrisch

Wiederholung

Material

- Tapetenreste
- Schere
- Klebestift
- Tonkarton oder farbige Untersetzer in der Größe 15 × 15 cm
- Lineal
- Bleistift

Hinweise

- Weben ist hauptsächlich Wiederholung und Musterbildung. Farbe und Struktur werden zu einem ansprechenden Design verbunden. Obwohl Patchwork nichts mit Weben zu tun hat, ist die Wiederholung von Farbe und Design wertvoll, wenn man lernt, Muster zu planen. Es ist nützlich, bei diesem Projekt zuerst über Musterbildung und Wiederholung von Farben und Mustern zu sprechen. Zeigen Sie den Schülern Patchworkmuster und anschließend ein Gewebe mit einem deutlichen Muster wie eine Wolldecke oder einen Teppich.

Lasst uns darüber sprechen!

Könnt ihr erkennen, wie beim Weben Farben, Formen und Wiederholungen verwendet werden, um Muster zu erzielen?

Warum ist es einfacher, ein Muster zuerst mit Papier zu planen, als es direkt auf dem Webrahmen zu realisieren?

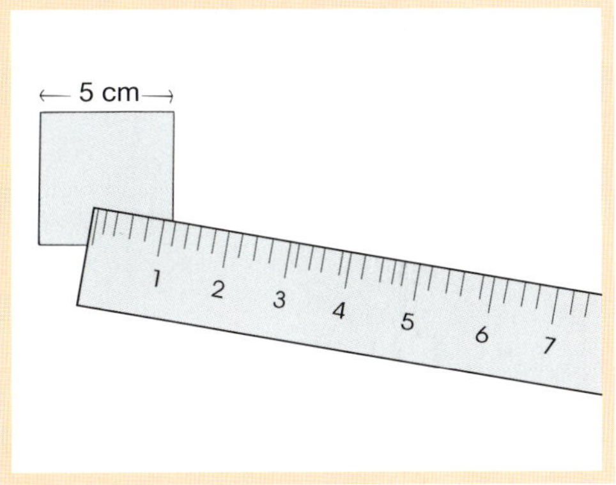

Schritt 1

Schritt 2

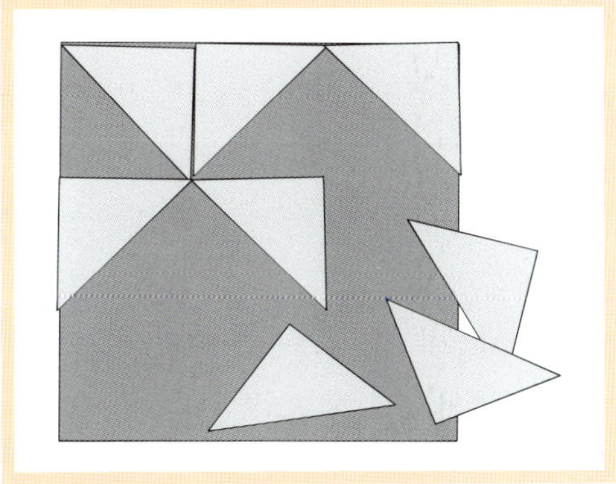
Schritt 3

Schritt für Schritt

1. Die Schüler wählen nach Farbe und Kontrast einen Tapetenrest aus. Sie messen Quadrate mit 5 cm Seitenlänge ab und schneiden diese aus.

2. Die Schüler schneiden die Quadrate diagonal durch, um Dreiecke zu erhalten, die wiederum diagonal geschnitten werden.

3. Die Dreiecke ordnen die Schüler auf dem farbigen Tonkarton oder Untersetzer zu einem Muster an. Bei der Planung sollen sie daran denken, Muster zu wiederholen.

4. Die Schüler kleben die Dreiecke fest.

Typische Patchworkmuster

Japanische Puppen

Wir stellen aus Papierresten eine japanische Puppe her und erlernen nebenbei Falttechniken.

Lasst uns darüber sprechen!

Warum ist das Falten von Papier bei diesem Projekt wichtig?

Warum ist es wichtig, Schritt für Schritt vorzugehen?

Wie unterscheidet sich die Struktur von Gesicht und Haaren von der Struktur des Kimonos?

Wortschatz

Kimono

Obi

Origami

Material

- Papprolle (z. B. von Küchentüchern)
- Klebstoff oder Heißkleber
- weißes Seidenpapier (15 × 18 cm) für den Kopf
- blaues Seidenpapier (15 × 18 cm) für die Haare
- Geschenkpapier (verschiedene Farben und Muster)

  erster Kragen – 5 × 15 cm

  zweiter Kragen – 10 × 20 cm

  Unterkleid – 15 × 18 cm

  Kimono – 25,5 × 18 cm

  Obi – 5 × 15 cm
- Wattebällchen
- Holzspatel
- Hefter
- 2 Glaskopf-Stecknadeln (optional)
- Fineliner – rot und schwarz

Hinweise

- Lassen Sie die Kinder rechtzeitig Papprollen und gebrauchtes Geschenkpapier sammeln.
- Wenn das Geschenkpapier zerknittert ist, können Sie es bei geringer Temperatur bügeln oder zwischen Büchern pressen.

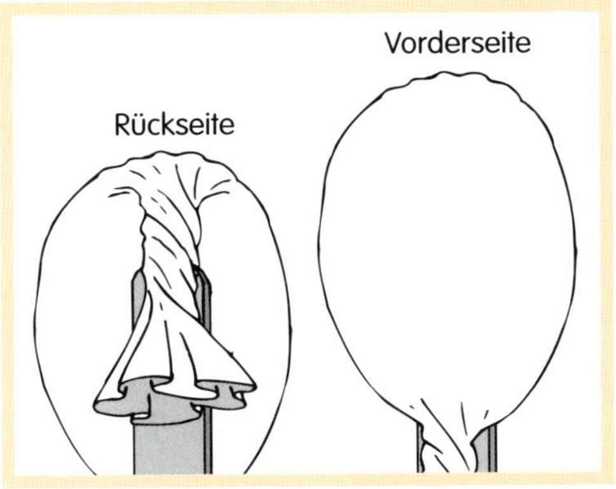

Schritt 1

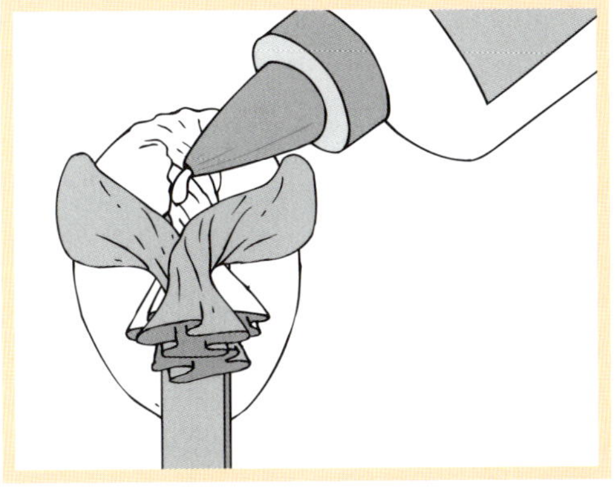

Schritt 2

Schritt 3

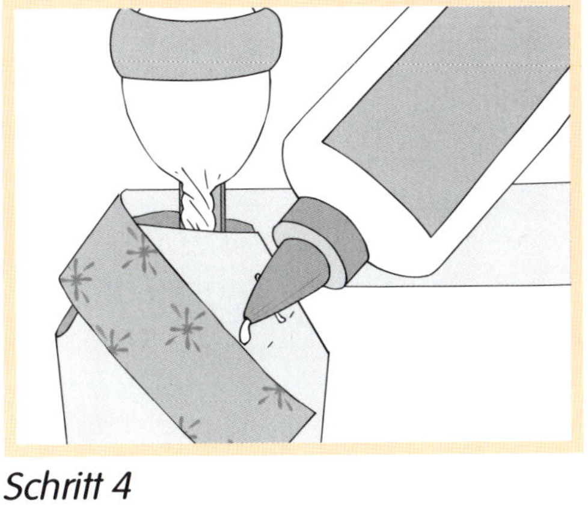

Schritt 4

Schritt für Schritt

1 Die Schüler beginnen mit dem Kopf.

Sie legen das weiße Seidenpapier auf eine saubere Oberfläche und ein oder zwei Watteböllchen in die Mitte. Dann falten sie das Papier der Länge nach über die Wattebällchen und drehen die Enden fest zusammen.

Sie kleben den Kopf so auf das eine Ende des Holzspatels, dass die verdrehten Enden nach unten zeigen.

Nun zeichnen sie mit Fineliner Augen und Mund auf.

2 Als Nächstes sind die Haare dran.

Die Schüler legen ein Wattebällchen in die Mitte des blauen Seidenpapiers. Sie ziehen das Wattebällchen etwas auseinander, sodass sich eine leicht längliche Form ergibt, und rollen es dann in das Seidenpapier ein. Die Rolle wickeln sie oben um den Kopf und drehen die Enden hinter dem Kopf zusammen. Die „Haarrolle" kleben sie anschließend fest.

3 Die Schüler kleben den Holzspatel mit dem Kopf nach oben in eine Papprolle.

Sie tackern die Papprolle oben neben dem Spatel zusammen und schneiden die Ecken ab. Das ergibt die Schultern.

4 Die Schüler stellen zwei Kragen her.

Die Schüler schlagen den ersten Kragen der Länge nach um, sodass er nur 2,5 cm (Hälfte) breit ist. Sie legen den Streifen quer vor sich und platzieren den Hals der Rolle auf der Mitte des Kragens. Sie falten den Streifen wie einen Schal nach vorne und kleben ihn fest.

Den zweiten Kragen falten sie genauso und befestigen ihn etwas unter dem ersten. (Siehe Abbildung auf der nächsten Seite, Schritt 5.)

Japanische Puppen

Schritt 5

Schritt 6

5 Die Schüler wenden sich dem Unterkleid zu. Sie umwickeln die untere Hälfte der Papprolle mit dem Papier für das Unterkleid und kleben es fest.

6 Nun stellen die Schüler den Kimono her. Sie schlagen das Kimono-Papier an der langen Kante 3 cm um. Sie legen die Rolle mit dem Halsbereich in die obere Mitte des Kimonos und legen diesen wie einen Schal um die Rolle. Sie kleben den Kimono fest.

Die Schüler falten die äußeren Ecken des Papierkimonos als Ärmel zur Mitte und kleben sie fest. Die Arme sehen gebeugt aus.

7 Nun fehlt noch der Obi (Schärpe). Die Schüler falten das Geschenkpapier der Länge nach dreimal um, sodass die Schärpe schmaler und dicker wird. Sie wickeln die Schärpe um die Hüftgegend der Puppe und sichern sie mit Klebstoff. Wenn die Schüler möchten, können sie zusätzlich eine Schleife aufkleben.

8 Am Hinterkopf können die Schüler einen Fächer befestigen. Dazu falten sie ein Stück Papier ziehharmonikaartig und verkleben die Enden. Anschließend kleben sie den Fächer am Hinterkopf fest. Als Dekoration stecken sie zwei Glaskopf-Stecknadeln ins Haar.

Seit dem 17. Jahrhundert gilt in Japan Puppenmachen als Kunst.

Viele Puppen bestehen aus Gips, Papiermaschee, Reispapier oder Seide.

Basteln und Werken mit Naturmaterialien

Handgeschöpftes Papier

Wir lernen Papier zu schöpfen und gestalten es mit getrockneten Pflanzen und Blättern.

Wortschatz

Faser

Schöpfsieb

Material

- Altpapier
- kleine Pflanzen und Blätter (getrocknet und gepresst)
- Schere
- Schöpfsieb (siehe Seite 135)
- saugfähiges Gewebe (wie z.B. Filz oder eine Wolldecke)
- große Spülschüssel oder großes Spülbecken
- Mixer
- Wasser
- Schwamm

Lasst uns darüber sprechen!

Wie unterscheiden sich selbst gemachtes und industriell hergestelltes Papier in der Struktur?

Mit welchen Naturfasern kann man Papier herstellen?

Hinweise

- Manche Papiere werden dünn, andere dicker, je nach verwendetem Ausgangsmaterial.
- Die Schüler können die Papierbögen zurechtschneiden oder sie so lassen, wie sie aus dem Sieb kommen – mit unregelmäßigen Kanten.

Schritt 2

Schritt 3

Schritt 4

Schritt 6

Schritt für Schritt

1 Die Schüler schneiden und reißen das Altpapier in kleine Stückchen und weichen diese in Wasser ein.

2 Die Schüler schütten eine viertel Tasse (ca. 60 ml) Papierstückchen in den Mixer und füllen ihn mit Wasser auf. (Sie können auch kleine Blätter oder Pflanzenstücke zufügen, solange die Papiermasse überwiegt.)

3 Die Schüler füllen die Spülschüssel oder das Spülbecken mit Wasser. Sie gießen vorsichtig so viel Mixtur dazu, bis auf dem Wasser eine dünne Schicht Fasern schwimmt. Darauf legen sie die gepressten Blätter und Pflanzen. Sie können sogar Glitter zugeben, das ergibt eine lebhaftere Oberflächenstruktur.

4 Die Schüler legen den Rahmen auf das Siebteil des Schöpfsiebs und pressen beide Teile gut zusammen. Sie tauchen das Schöpfsieb ins Wasser unter den Faserbrei und heben es vorsichtig hoch.

5 Nun lagern die Schüler die Faserschicht auf ein feuchtes saugfähiges Gewebe um, indem sie den Rahmen entfernen und das Unterteil des Schöpfsiebs mit der Papierseite nach unten auf das Gewebe legen.

6 Die Schüler drücken wiederholt mit einem Schwamm auf das Sieb, um das Papier zu lösen. Sie heben das Schöpfsieb vorsichtig hoch. Das Papier bleibt auf der saugfähigen Unterlage liegen. Das Papier muss 3 bis 24 Stunden trocknen.

Wie man ein Schöpfsieb herstellt

Material:

- zwei kleine Rahmen derselben Größe
- Siebmaterial mit kleinen Löchern (z. B. Fliegendraht)
- Reißnägel

Rahmen

(Ein Rahmen in derselben Größe, der mit einem Gittersieb aus Draht, Kunststoff oder Fiberglas bespannt ist.)

Eigentliches Schöpfsieb

Rasseln aus Flaschenkürbissen

Wir stellen aus Flaschenkürbissen Rasseln her, die wir nach Art amerikanischer Ureinwohner bemalen.

Lasst uns darüber sprechen!

Wozu lassen sich Flaschenkürbisse benutzen?

Warum bemalen die amerikanischen Ureinwohner die Kürbisse?

Inwiefern erzählen Piktogramme Geschichten?

Welche Erdfarben werden bei diesem Projekt verwendet?

Was sind Erdfarben?

Erdfarben sind Farbtöne, die den gedämpften Farben ähneln, die in der Natur zu finden sind: Braun, Graugrün, Rost, Beige etc.

Wortschatz

Design

Erdfarben

Flaschenkürbis

Piktogramm

Material

- getrocknete Flaschenkürbisse
- Temperafarben (verschiedene Farben)
- Pinsel (dünn)
- Bleistifte
- Beispiele für Muster aus der Kunst der amerikanischen Ureinwohner
- Sprühlack (optional)

Hinweise

- Getrocknete Flaschenkürbisse sind im Herbst auf verschiedenen Märkten und in diversen Geschäften zu finden. Wählen Sie Kürbisse aus, die die Schüler leicht halten können.
- Beschäftigen Sie sich im Vorfeld dieses Projektes mit der Kunst amerikanischer Ureinwohner. Passen Sie auf, welche Muster Sie auswählen. Manche sind rein ornamental, andere aber haben spirituelle Bedeutung und sollten nicht verwendet werden.
- Die bemalten Kürbisse zum Trocknen aufhängen oder auf Becher oder Tassen setzen.

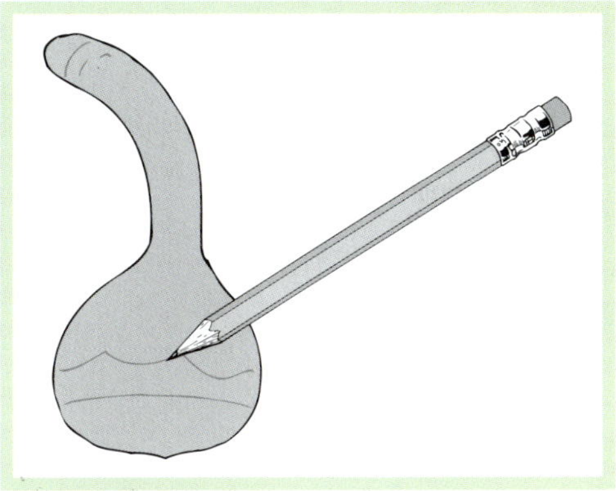

Schritt 2

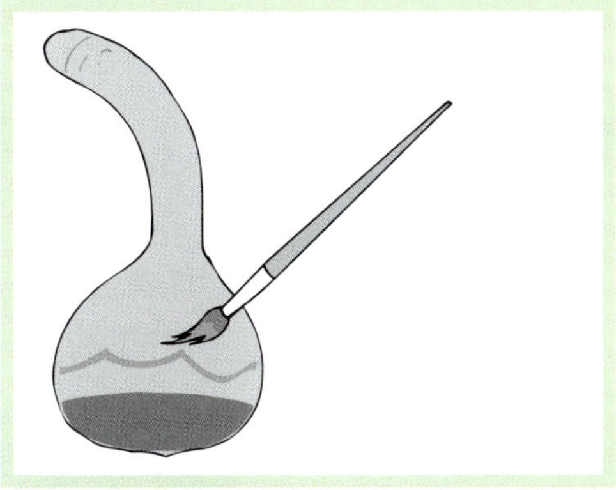

Schritt 3

Schritt für Schritt

1 Die Schüler entfernen vor dem Bemalen Schmutz und Rückstände von den Kürbissen.

2 Die Schüler zeichnen mit dem Bleistift einfache Muster auf. Die Muster können ornamental sein oder eine Geschichte darstellen. Lassen Sie die Schüler die Farbzusammenstellung planen. Die amerikanischen Ureinwohner arbeiten mit Erdfarben.

3 Nun bemalen die Schüler die Kürbisse. Sie beginnen dabei mit den hellen Farben. Die Schüler sollten eine Farbe vollständig trocknen lassen, bevor sie mit einer anderen weitermalen.

4 Möglicherweise wollen die Schüler die Kürbisse zum Schluss mit Klarlack überziehen. Dadurch wird die Farbe geschützt. Lackieren sollte ein Erwachsener in einem gut durchlüfteten Raum.

Piktogramm-Beispiele

Püppchen aus Kiefernnadeln

Wir basteln Püppchen aus Kiefernnadeln.

Wortschatz

Kiefernnadeln

Volkskunst

Material

- lange Kiefernnadeln
- Faden
- Schere

Hinweise

- Sammeln Sie viele Kiefernnadeln, getrocknet oder frisch, sodass jeder Schüler eine große Handvoll bekommen kann.
- Jüngere Schüler benötigen einen Partner. Ein Schüler hält die Nadeln, während der andere sie zusammenbindet. Die Schüler sollten vorher wissen, wie man einfache Knoten bindet.

Lasst uns darüber sprechen!

Aus welchen anderen Naturmaterialien könnte man Puppen herstellen?

In welchen Kulturen findet man Puppen aus Naturmaterial?

Schritt 1

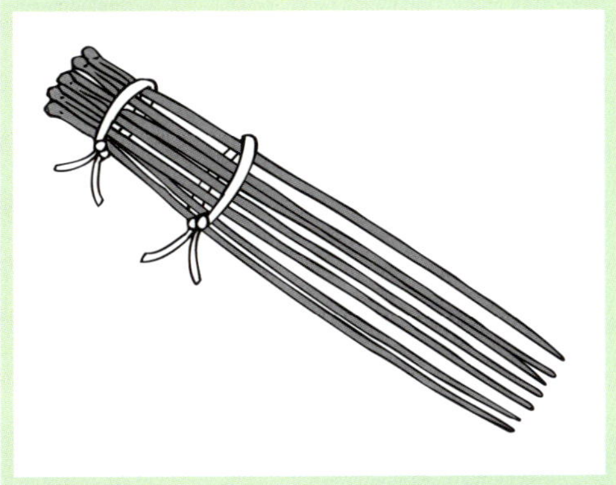
Schritt 3

Schritt 4

Schritt für Schritt

1 Die Schüler bereiten zwei Bündel Nadeln vor, ein dickeres für den Körper und ein dünneres für die Arme.

2 Lassen Sie die Schüler mit den Armen beginnen.

Die Schüler legen das dünnere Nadelbündel auf den Tisch.

Sie schneiden zwei Stücke Faden ab, die so lang sind, dass man sie zweimal um den Arm wickeln kann und noch genügend für einen Knoten übrig bleibt. Die Fäden werden 1,25 cm von jedem Rand angebracht, festgezogen und die Enden verknotet. Die Schüler schneiden dann die Nadeln auf gleiche Länge.

3 Die Schüler wenden sich nun dem Körper zu.

Sie legen das dickere Nadelbündel vor sich auf den Tisch.

Etwa 1,25 cm vom oberen Rand wickeln sie ein Stück Faden um die Kiefernnadeln und verknoten es. Das markiert die „Haare".

Einen zweiten Faden wickeln sie 2,5 cm unterhalb des ersten Fadens um das Büschel und verknoten ihn. Das markiert den „Kopf".

4 Die Schüler teilen die Nadeln des Körpers unterhalb des Kopfes in zwei Büschel und schieben das Armbündel dazwischen.

Sie binden ein Stück Faden unterhalb der Arme um das gesamte Körperbüschel. So entsteht die Taille. Außerdem werden dadurch die Arme an ihrem Platz gehalten.

Die überstehenden Nadeln vermitteln den Eindruck eines Rocks. Wenn die Schüler Beine vorziehen, teilen sie die Nadeln in zwei Büschel und binden die Enden als Füße ab.

Bastuntersetzer

Wir weben kleine Untersetzer aus Naturbast.

Wortschatz

Bast

Kette

Schuss

Material

- Bast
- Karton
- Schere
- Bleistift und Lineal
- Klebeband
- Klebstoff
- Teller als Schablone (13 cm Durchmesser) oder Zirkel

Hinweise

- Bast ist in den meisten Bastelgeschäften und Katalogen von Lehrmittelhändlern zu finden. Er muss nicht geschnitten werden, sondern kann in der vorliegenden Länge verwendet werden.

Lasst uns darüber sprechen!

Welche Naturmaterialien werden beim Weben verwendet?

Welche anderen nützlichen Dinge lassen sich aus Bast weben?

Wie unterscheidet sich die Struktur von Bast von der anderer Webmaterialien?

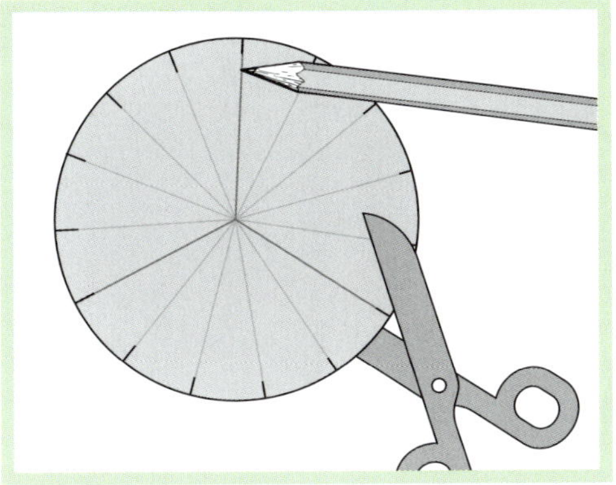

Schritt 1

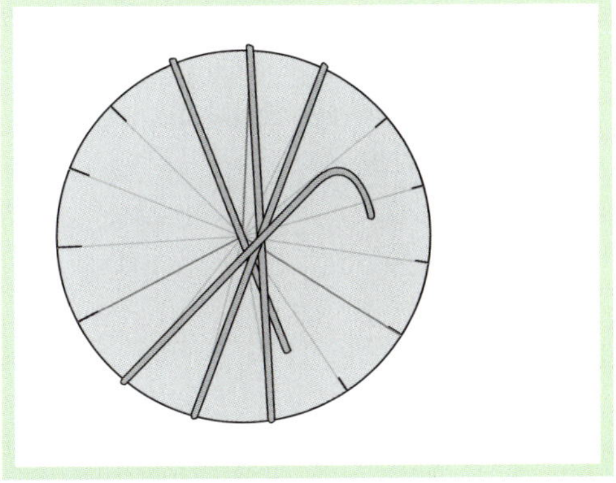

Schritt 2

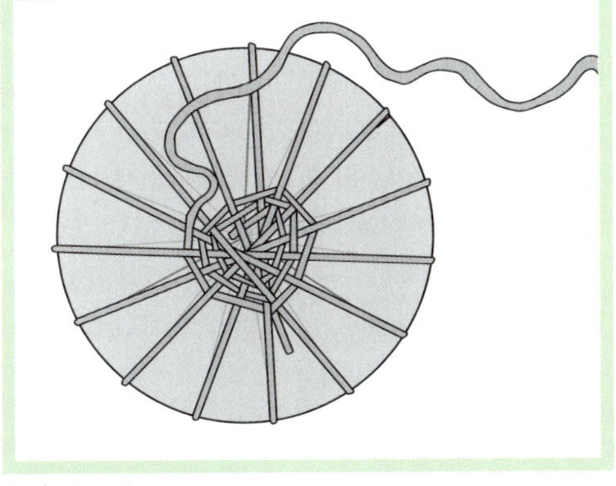

Schritt 3

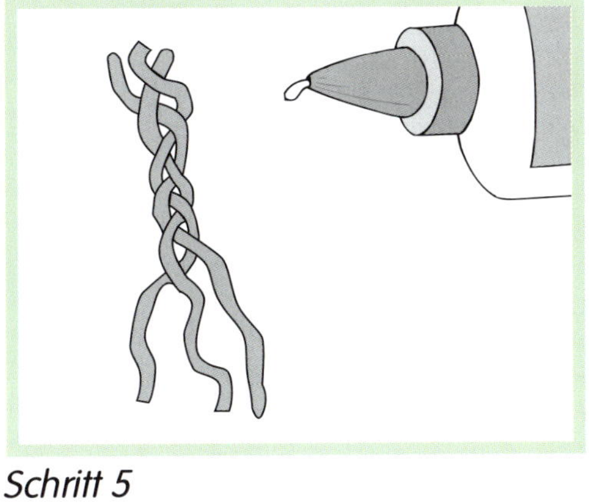

Schritt 5

Schritt für Schritt

1 Die Schüler stellen einen Webrahmen aus Karton her.

Sie nutzen den Teller als Schablone und schneiden einen Kreis aus Karton in der Größe des Tellers aus. Sie teilen den Kartonkreis mit einem Stift in Drittel, diese wiederum in Fünftel. Es ergeben sich 15 Abschnitte.
Für jüngere Schüler muss diese Aufgabe ein Erwachsener übernehmen.

Am Ende der Linien schneiden die Schüler kleine Kerben ein, die die Kettfäden halten sollen.

2 Die Schüler spannen die Kettfäden.

Sie befestigen ein Ende eines Bastfadens mit Klebeband am Rahmen. Nun ziehen sie den Bast von jeder Kerbe zur gegenüberliegenden, bis alle Kerben genutzt sind. Das Ende kann festgeklebt werden.

3 Die Schüler beginnen mit dem Weben.

Sie benutzen einen neuen Bastfaden als Schussfaden und führen diesen abwechselnd über die Kettfäden und darunter durch.

Die Schüler arbeiten von der Mitte zum Rand. Sie legen die Fäden eng nebeneinander, damit das Webstück keine Löcher oder Lücken bekommt.

Wenn die Schüler fertig sind, binden sie den Schussfaden fest, um ihn zu sichern.

4 Die Schüler weben auch auf der Rückseite des Rahmens.

5 Zum Schluss flechten die Schüler einen Zopf (siehe Seite 46) und kleben ihn als dekorativen Rand um die Kanten des Untersetzers.

Bastteller

Wir üben grundlegende Webtechniken und stellen einen Teller mit Bastrand her.

Lasst uns darüber sprechen!

Wie werden Kleidung, Decken und Teppiche gewebt?

Was ist bei diesem Projekt die Kette?

Welche anderen Naturprodukte außer Bast eignen sich, um Körbe zu flechten?

Wortschatz

Bast

Kette

Schuss

Material

- Karton
- 2 runde Teller als Schablone (der Durchmesser des einen Tellers sollte 5 cm größer sein als der des anderen) oder Zirkel
- Schere
- Bast
- Klebstoff
- Bleistift

Hinweise

- Beim Weben durch die Kartonstreifen lernt man den Rhythmus und die Struktur des Webens. Man lernt auch, wie wichtig es ist, dicht und einheitlich zu weben. Diese Fertigkeiten sind von unschätzbarem Wert, wenn es darum geht, kompliziertere Stücke zu weben oder zu flechten.
- Es können Kartonscheiben beliebiger Größe verwendet werden.
- Bereiten Sie die Webrahmen für die jüngeren Schüler vor.

Schritt für Schritt

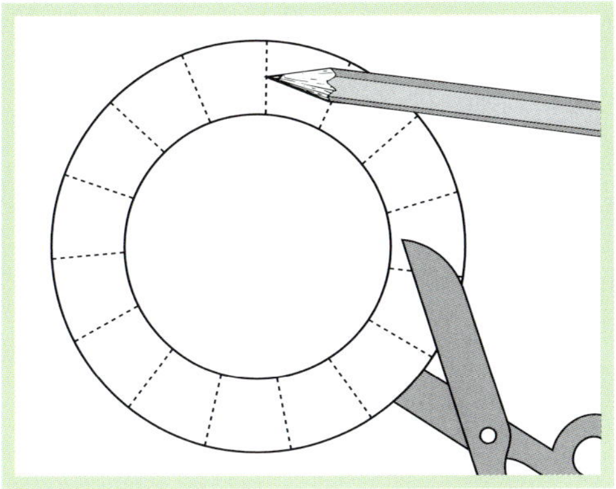

Schritt 1

Schritt 2a

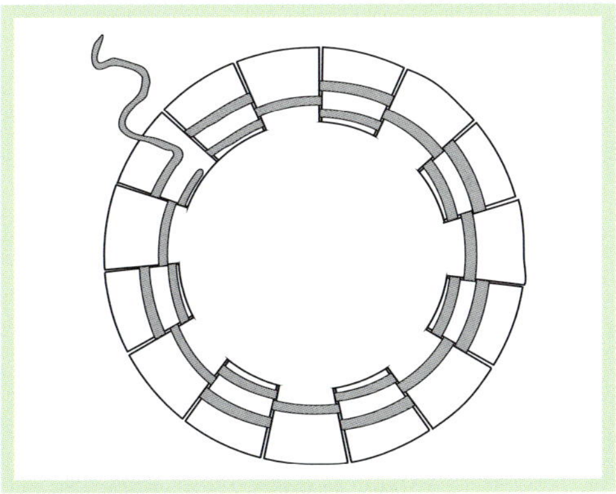

Schritt 2b

1 Die Schüler stellen einen Webrahmen her.

Sie zeichnen mithilfe eines größeren Tellers einen Kreis auf den Karton.

Mithilfe des kleineren Tellers zeichnen sie in der Mitte einen weiteren Kreis.

Nun teilen sie mit Bleistiftlinien den äußeren Kreis in 15 Teile.

Sie schneiden die Linien vom Außenrand bis zum inneren Kreis ein. Sie erhalten so den Boden des Basttellers und die Streifen, um die sie herum weben (Kette).

2 Die Schüler weben.

Sie führen einen Bastfaden, den Schussfaden, abwechselnd ober- und unterhalb der Kettstreifen durch.

Wenn ein Bastfaden zu Ende ist, fügen sie weitere an. Verknoten ist nicht notwendig, aber manche Schüler möchten das Ende vielleicht am Karton festkleben, bevor sie mit einem neuen Faden weitermachen. Die Schüler müssen beim Weben darauf achten, dass sie keinen Kartonstreifen auslassen. Sie schieben jedes Mal mit dem Finger die neue Reihe an die vorherige, damit das Gewebe dicht wird.

Das Ende des letzten Bastfadens kleben die Schüler am Karton fest oder schieben es ins Gewebe.

Sandkerzen

Wir stellen mithilfe von Wachs und Sand eine Kerze her.

Wortschatz

Docht

freie Form

Paraffin

Material

- Sand
- Wachs (Paraffin)
- Docht oder Faden
- Kochthermometer
- Wasserbad
- tiefe Pfanne oder Wanne
- Wärmequelle
- Wasser
- abgebrochene Wachsmalkreiden (ohne Papier)
- Zahnstocher

Lasst uns darüber sprechen!

Warum spricht man bei diesen Kerzen von freier Form?

Welche Naturprodukte wurden verwendet?

Wie unterscheidet sich die Textur von Sand von der Textur von Wachs?

Warum wurde Sand zur Herstellung dieser Kerzen benötigt?

Hinweise

- Gehen Sie bei der Arbeit mit heißem Wachs immer vorsichtig vor. Schmelzen Sie Wachs niemals direkt auf einer Wärmequelle, sondern benutzen Sie immer ein Wasserbad. Ein Erwachsener muss das Wachs gießen.
- Alte Wachsmalkreiden werden als Färbemittel verwendet. Bitte unbedingt vorher ausprobieren, da sich nicht alle Wachsmalkreiden eignen.

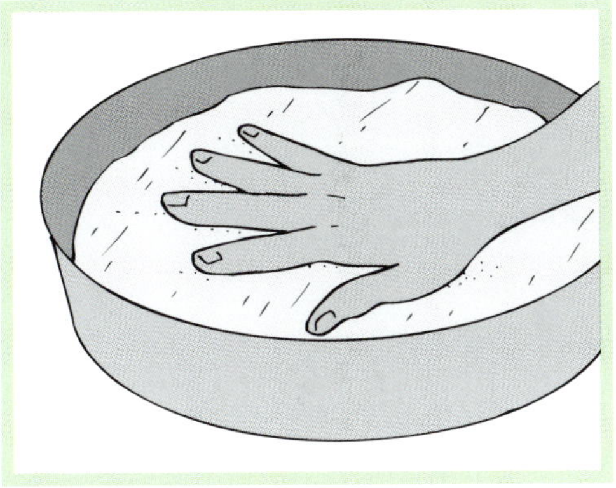
Schritt 1

Schritt 2

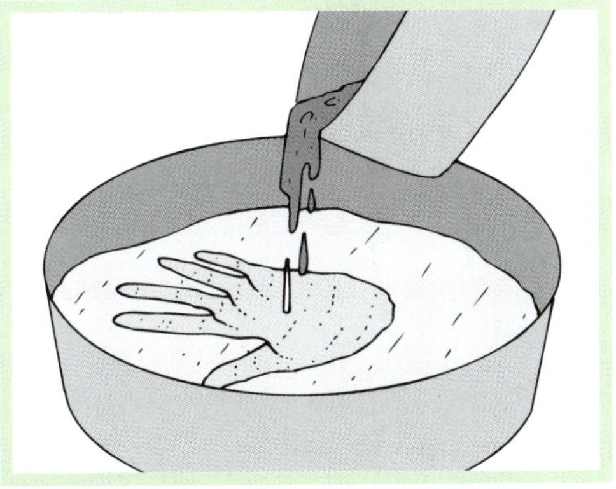
Schritt 5

Schritt für Schritt

1 Füllen Sie Sand in die Wanne oder tiefe Pfanne. Geben Sie so viel Wasser zu, dass der Sand feucht ist (nicht nass).

2 Legen Sie die Wachsstücke in den Schmelztopf. Stellen Sie das Thermometer hinein und erhitzen Sie das Wachs auf 80 °C.

3 Die Schüler drücken eine Form in den Sand, während das Wachs schmilzt. Jüngere Schüler machen gerne einen Handabdruck. Ältere Kinder ziehen vermutlich eine interessante unregelmäßige Form vor. Der Abdruck sollte in jedem Fall mindestens 1,5 cm tief sein.

4 Die Schüler stecken einen Zahnstocher senkrecht in die Mitte der Vertiefung. Hier wird später der Docht eingefädelt.

5 Wenn das Wachs flüssig ist, geben Sie zum Färben Wachsmalkreidestücke dazu. Wenn die Wachsmalstifte ebenfalls geschmolzen sind, können Sie das Wachs in die Vertiefungen im Sand gießen. (Diese Aufgabe **muss** ein Erwachsener übernehmen.) Lassen Sie das Wachs etwa eine Stunde härten.

6 Die Schüler fassen vorsichtig mit der Hand unter die Kerze und heben sie aus dem Sand. Dabei lassen sie so viel Sand wie möglich am Wachs kleben.

7 Die Schüler entfernen den Zahnstocher und setzen einen Doch ein. Sie verknoten den Docht am unteren Ende oder sichern ihn mit einem Metallfüßchen.

Blumen aus Schalen von Meeresschnecken

Wir gestalten Blumen aus Schneckenschalen und einfachem Bastelmaterial.

Wortschatz

Form

Struktur

Material

- Schalen von Meeresschnecken oder Muscheln
- Drahtkleiderbügel
- Drahtschneider
- grünes Seiden- oder Krepppapier, in 8 cm breite Streifen geschnitten
- grünes Tonpapier
- Schere
- Klebepistole und Schmelzklebstoff
- Weißleim

Hinweise

- Stellen Sie Sicherheitsregeln für den Umgang mit der Klebepistole auf. Bei jüngeren Schülern sollte ein Erwachsener diesen Arbeitsschritt übernehmen, da die Klebepistole sehr heiß wird.
- Diese Blumen eignen sich gut als Muttertagsgeschenk.

Lasst uns darüber sprechen!

Welche verschiedenen Oberflächenstrukturen könnt ihr bei euren Blumen sehen und fühlen?

Inwiefern ähnelt die Schneckenschale in Form und Struktur einer Blüte?

Aus welchen anderen Naturobjekten könnte man Blumen machen?

Schritt für Schritt

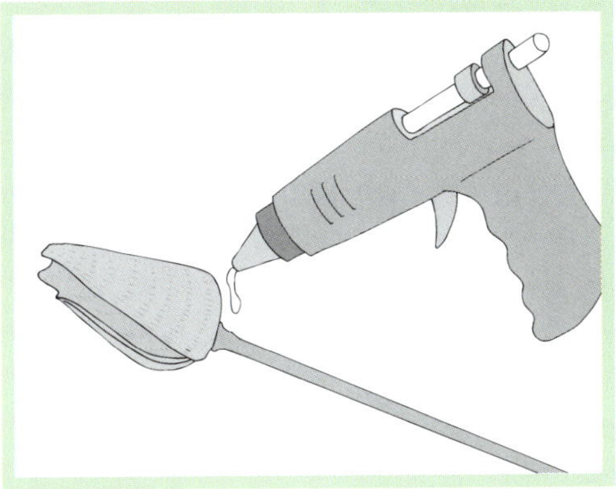

Schritt 2

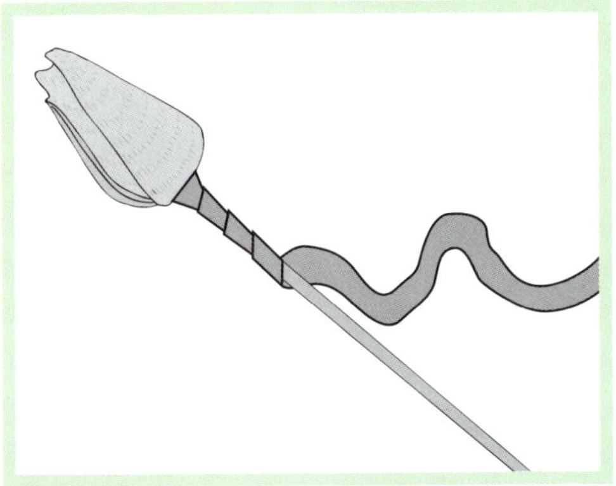

Schritt 3

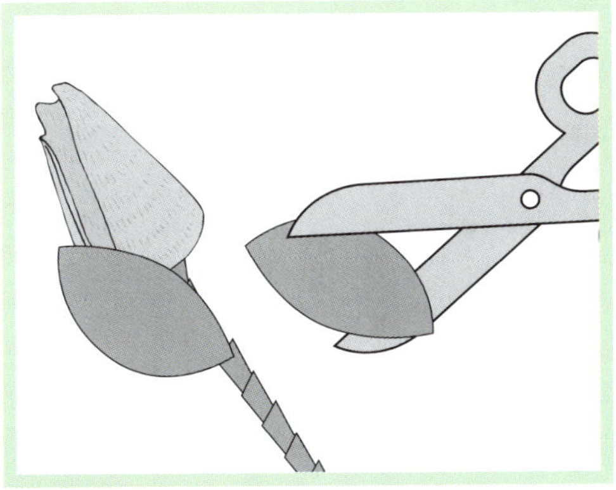

Schritt 4

1 Sammeln Sie Schneckenschalen unterschiedlicher Form und waschen Sie sie. Wenn kein Strand in der Nähe ist, können Sie die Schalen auch im Bastelgeschäft kaufen. Sprechen Sie über die verschiedenen Formen und Strukturen und an welche Blüten sie erinnern.

2 Die Schüler schneiden die Drahtkleiderbügel durch, das ergibt die Stängel. Sie kleben ein Stück Draht mit der Klebepistole unten an die Schneckenschale. Der Klebstoff muss gut trocknen.

3 Die Schüler befestigen einen Streifen des grünen Seiden- oder Krepppapiers mit Leim am unteren Ende der „Blüte". Sie wickeln das Papier Richtung Stängelbasis um den Draht und lassen es dabei immer etwas überlappen. In Abständen sichern sie das Papier durch einen Tropfen Leim.

4 Die Schüler schneiden aus dem grünen Tonpapier Blätter aus und kleben diese an den Stängel.

5 Wenn genügend Material vorhanden ist, können die Schüler mehrere Blumen herstellen und als Strauß anordnen.

Mäuse aus Eicheln

Wir basteln süße Mäuse aus Eicheln.

Wortschatz

Eichel

Oberflächenstruktur

Material

- Eicheln für die Köpfe
- halbe Walnussschalen für die Betten
- 5 cm große Stoffstücke für die Decken
- Wolle – 10 cm lange Stücke als Schwänze, 15 cm lange Stücke als Aufhänger
- grauer oder brauner Filz für die Ohren
- schwarzer Fineliner

Hinweise

- Erklären Sie, wie wichtig es ist, beim Basteln und Werken die Arbeitsanleitungen genau zu befolgen.
- Sprechen Sie darüber, wie man mit Dingen aus der Natur Kunst herstellen kann.
- Falls möglich, sammeln Sie mit den Schülern Eicheln und Nüsse.

Lasst uns darüber sprechen!

Erkennt ihr, wie aus Naturmaterial Dinge hergestellt werden können, die anderen Naturobjekten ähneln?

Inwieweit stimmen Eicheln und Walnüsse in Form und Oberflächenstruktur überein? Wie unterscheiden sie sich?

Schritte 2 und 3

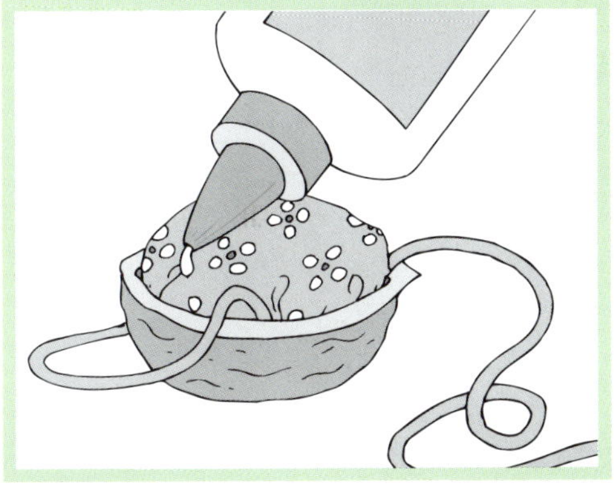

Schritt 4

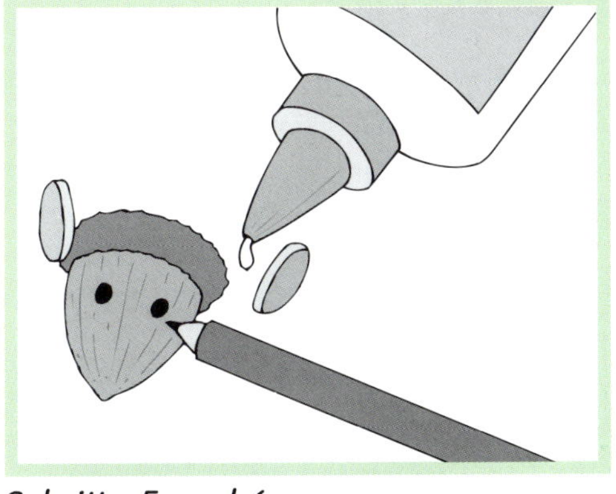

Schritte 5 und 6

Schritt 7

Schritt für Schritt

1 Die Schüler sammeln Eicheln mit Fruchtbecher (= Mäuseköpfe mit Hüten). Abgefallene „Hütchen" kleben sie wieder an.

2 Die Schüler legen den längeren Wollfaden auf die Hälfte zusammen und kleben die beiden Enden in die Walnusshälfte. Das ist der Aufhänger.

3 Dann kleben die Schüler den kürzeren Faden als Schwanz in das zugespitzte Ende der Walnussschale.

4 Als Nächstes beschäftigen die Schüler sich mit dem in eine Decke gewickelten Körper der Maus. Sie bedecken dazu ein oder zwei Wattebällchen mit Stoff und legen sie in die Walnussschale. Die Schüler sollen darauf achten, dass die Watte völlig bedeckt ist und die Stoffkanten festgeklebt sind.

5 Die Schüler malen mit Fineliner die Augen auf die Eichel. So entsteht das Gesicht der Maus.

6 Die Schüler kleben kleine Filzstücke als Ohren an.

7 Zuletzt kleben die Schüler den Kopf gegenüber vom Schwanz in die Nussschale.

Sonnenfänger

Wir gestalten Sonnenfänger aus Wachs und getrockneten Pflanzen.

Lasst uns darüber sprechen!

Welche Farben eignen sich für dieses Projekt am besten?

Wie trägt die Durchsichtigkeit des Wachses zur Wirkung bei?

Was passiert, wenn ein Gegenstand aus Wachs zu warm wird?

Wortschatz

Farbe

Farbton

Paraffin

transparent

Material

- Paraffin (Wachs)
- Wasserbad
- Faden
- getrocknete Pflanzen
- Gießformen (kleine Tortenformen)
- Zahnstocher
- Pinsel
- Speiseöl und Pinsel

Hinweise

- Lassen Sie beim Wachsschmelzen Vorsicht walten. Schmelzen Sie niemals Wachs direkt auf der Wärmequelle. Benutzen Sie immer ein Wasserbad. Ein Erwachsener muss das Wachs gießen.
- Wenn keine Gießförmchen vorhanden sind, verwenden Sie kleine Blechdosen.

Schritt für Schritt

1 Die Schüler sammeln kleine Blumen und Blätter und lassen sie mehrere Tage trocknen.

2 Die Schüler bepinseln die Gießformen mit Öl, um zu verhindern, dass das Wachs daran haften bleibt.

3 Schmelzen Sie das Wachs im Wasserbad. Gießen Sie das flüssige Wachs etwa einen halben Zentimeter dick in die Formen.

4 Die Schüler legen das getrocknete Pflanzenmaterial auf das Wachs.

5 Wenn das Wachs hart zu werden beginnt, stecken die Schüler etwa einen halben Zentimeter vom oberen Rand entfernt einen Zahnstocher hinein (ergibt das Loch für den Faden).

6 Nachdem das Wachs völlig erstarrt ist, entfernen die Schüler die Form. Sie ziehen den Zahnstocher heraus und fädeln einen Faden durch das Loch. Die Schüler hängen den Sonnenfänger an ein schattiges Fenster. (In direktem Sonnenlicht würde das Wachs schmelzen.)

Schritt 3

Schritt 4

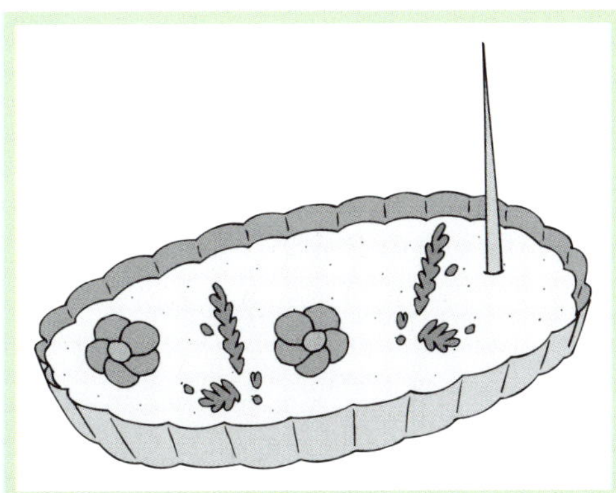

Schritt 5

Schritt 6

Karten mit getrockneten Pflanzen

Wir gestalten schöne Briefkarten mit getrockneten und gepressten Pflanzen.

Wortschatz

Anordnung

Design

Farbe

Material

- getrocknete Pflanzen und Blätter
- Zeichenkarton (DIN A5)
- Weißleim oder Klebstoff
- Bücher zum Pressen
- Fixativspray (optional)

Hinweise

- Sammeln Sie mit den Schülern zu den passenden Jahreszeiten Pflanzen und pressen Sie sie für dieses Projekt. Kinder finden es interessant zu sehen, wie sich die Pflanzen beim Pressen verändern.
- Sprechen Sie bei der Vorbereitung über Gestaltungsprinzipien:

  Wiederholung von Formen

  Abwechslung von Größen

  Kontrastierende Farben

Lasst uns darüber sprechen!

Welche Strukturen und Farben sind in der Natur zu finden?

Wie unterscheiden sich getrocknete und gepresste Pflanzen von frisch gepflückten?

Welche Bedeutung hat die Anordnung von Farben und Strukturen bei diesem Projekt?

Schritt 1

Schritt 4

Schritt für Schritt

1 Die Schüler pressen frische Blumen und Blätter. Sie legen sie dazu zwischen Löschpapier oder Papierhandtücher in ein Buch oder zwischen schwere Gewichte. Lassen Sie die Schüler regelmäßig überprüfen, ob die Feuchtigkeit absorbiert wird. Eventuell muss das Papier ausgetauscht werden.

2 Die Schüler falten den Zeichenkarton in der Mitte, sodass sich eine Doppelkarte ergibt.

3 Sie wählen gepresste und getrocknete Blumen, Blätter oder Früchte (gut geeignet sind die Früchte von Doldenblütlern) aus. Beim Arrangieren sollen sie auf Farbe und Struktur achten.

4 Lassen Sie die Schüler zuerst die Blätter oder die dunkler gefärbten Blumen aufkleben. Hellere kleben sie darüber.

5 Die Schüler legen die Karte zur Seite und warten, bis der Leim getrocknet ist.

6 Zum Schutz können Sie die Karte vorsichtig mit Fixativ besprühen. Diese Aufgabe sollte ein Erwachsener an einem gut durchlüfteten Platz übernehmen.

Wolle spinnen

Wir lernen Wolle zu spinnen, die wir später zum Weben, für Collagen oder verschiedene Basteleien verwenden können.

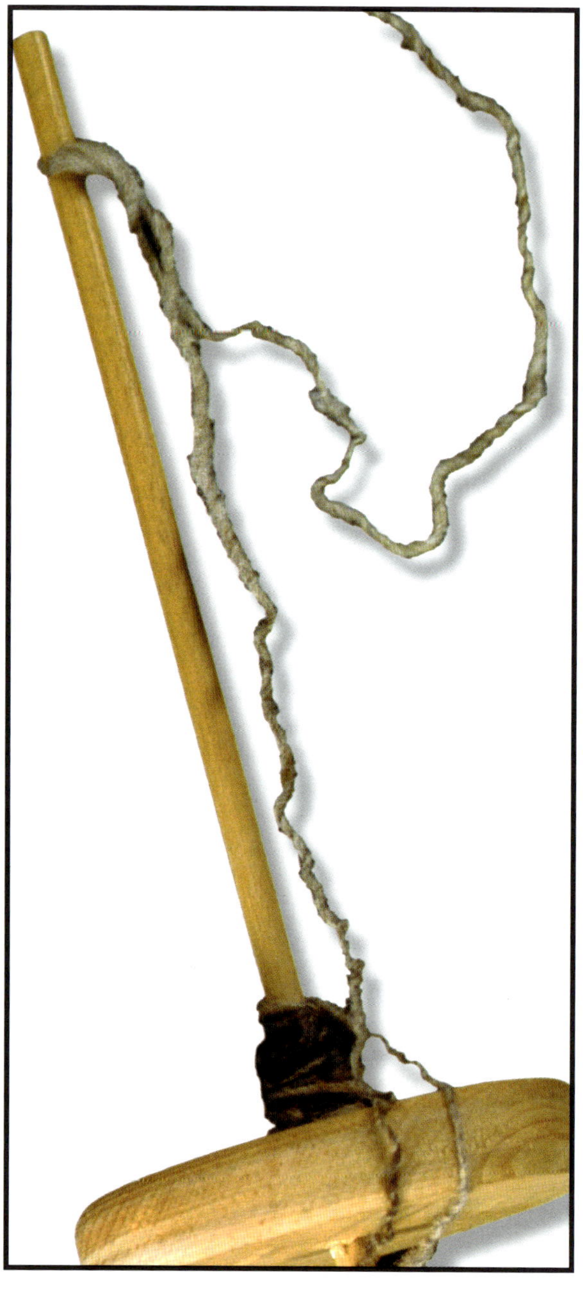

Wortschatz

Fasern

Karde

Spindel

spinnen

Slruktur

Material

- Rohwolle (siehe Hinweise unten)
- Eimer mit Wasser
- Flüssigseife
- Karden (siehe Hinweise unten)
- Handspindel (siehe Seite 155)
- Wollfaden von 50 cm Länge

Hinweise

- Rohwolle bekommen Sie im Bastelgeschäft, bei manchen Wollversendern oder direkt beim Schäfer.
- Richtige Karden sind am effektivsten, können aber durch Kämme oder Hundekämme ersetzt werden. Wenn Sie mit Kämmen oder Bürsten arbeiten, legen Sie die saubere Wolle auf den Tisch und kämmen Sie sie, bis alle Fasern gerade liegen.
- Waschen Sie die Wolle an einem Platz, der sich gut sauber machen lässt.

Lasst uns darüber sprechen!

Wofür wird Garn in der Kunst benutzt?

Wo würde man Naturwollgarn verwenden?

Aus welchen anderen Fasern kann man Garn oder Faden herstellen?

Schritt für Schritt

1 Die Schüler waschen die Rohwolle in kleinen Mengen in einem Eimer mit Seifenwasser. Die saubere Wolle hängen sie an einem gut durchlüfteten Platz zum Trocknen auf.

2 Die Schüler nehmen jeweils eine Hand voll Wolle, entwirren Klumpen und entfernen Schmutz und Fremdkörper.

3 Lassen Sie die Schüler die Wolle kämmen. Sie legen etwas Wolle auf die eine Karde und kämmen die Fasern mit der anderen Karde mit bürstenden Bewegungen. Dadurch werden die Fasern geglättet und ausgerichtet.

4 Die Schüler drehen die Spindel wie unten beschrieben. Sie halten die Rohwolle und den Wollfaden zusammen und drehen die Spindel am Holzstab im Uhrzeigersinn. Wenn der Wollfaden anfängt, sich zu verdrehen, verfängt er sich in der Rohwolle und spinnt diese zu Garn.

5 Wenn der gesponnene Faden länger geworden ist, wickeln die Schüler ihn um den Holzstab und spinnen weiter. Die Schüler werden etwas Übung benötigen.

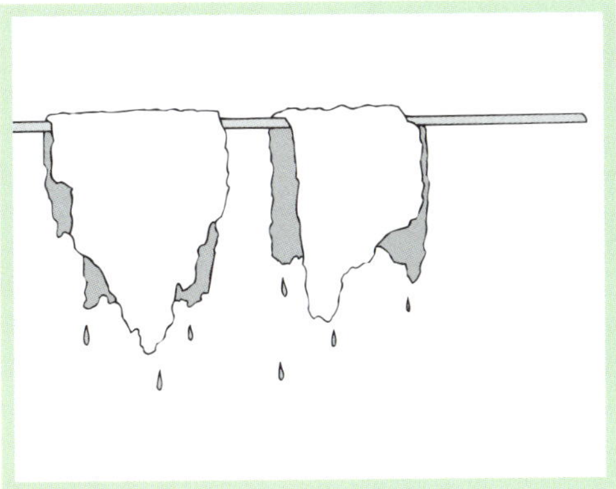

Schritt 1

Schritt 3

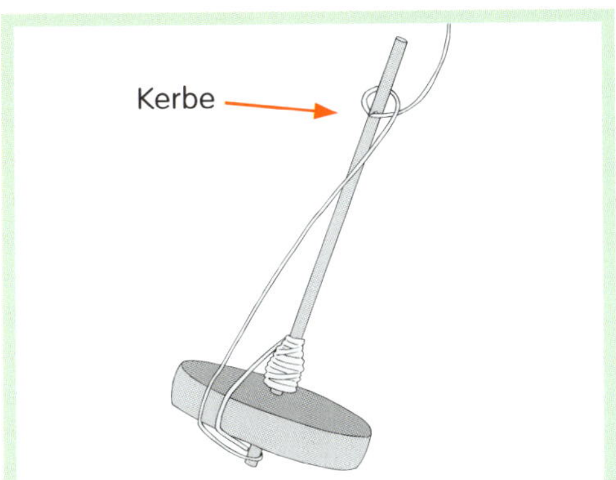

Schritt 4

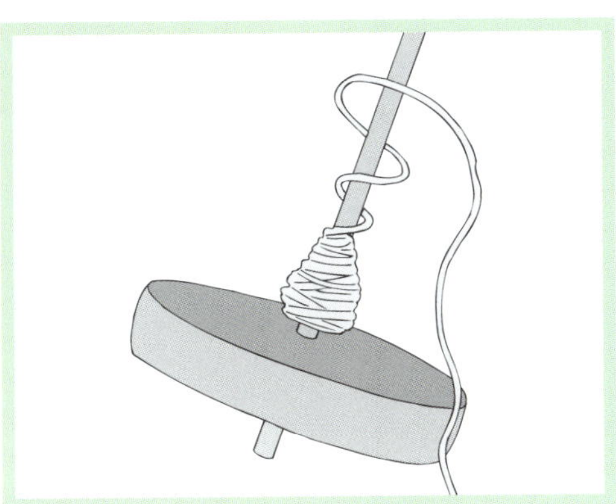

Schritt 5

Wie man eine Handspindel herstellt

Material

- geglättete runde Holzscheibe, 10 cm Durchmesser und 2 cm dick, als Wirtel
- Rundholzstab, 0,6 cm Durchmesser und 28 cm lang

Die einzelnen Schritte

1. Bohren Sie ein passendes Loch in die Mitte der Holzscheibe. Schieben Sie den Rundholzstab so weit durch den Wirtel, dass unten 2 cm überstehen.
2. Kerben Sie den Rundholzstab 2,5 cm vom oberen Ende schräg ein.

Wie die Spindel gedreht wird

1. Binden Sie den Wollfaden unmittelbar oberhalb des Wirtels am Rundholzstab fest.
2. Wickeln Sie den Wollfaden einmal um den unten überstehenden Abschnitt des Rundholzstabs.
3. Ziehen Sie den Faden zum oberen Ende des Rundholzstabs, wickeln Sie ihn einmal drum herum und schieben Sie ihn in die Kerbe.
4. Halten Sie die Wolle und das Garnende in einer Hand. Lassen Sie die Spindel herunterhängen. Drehen Sie den Rundholzstab im Uhrzeigersinn und lassen Sie das Gewicht der Spindel den Wollfaden verdrehen. Ziehen Sie langsam immer etwas Rohwolle heraus, während die Spindel sich dreht.

Wollschaf

Wir basteln ein wolliges Schaf mit selbstgesponnener oder gekaufter Wolle.

Wortschatz

wickeln

wollig

Material

- Wolle in beliebiger Farbe
- Karton
- schwarzes Tonpapier
- Vorlage für Schafe und Ohren von Seite 157
- Schere
- schwarze Temperafarbe
- Klebstoff

Hinweise

- Verwenden Sie von den Kindern gesponnene Wolle (siehe S. 154), dann ist dieses Projekt noch ergiebiger.

Lasst uns darüber sprechen!

Woher kommt Wolle?

Mit welchen anderen Naturfasern kann man weben?

Welche Fasern werden künstlich hergestellt?

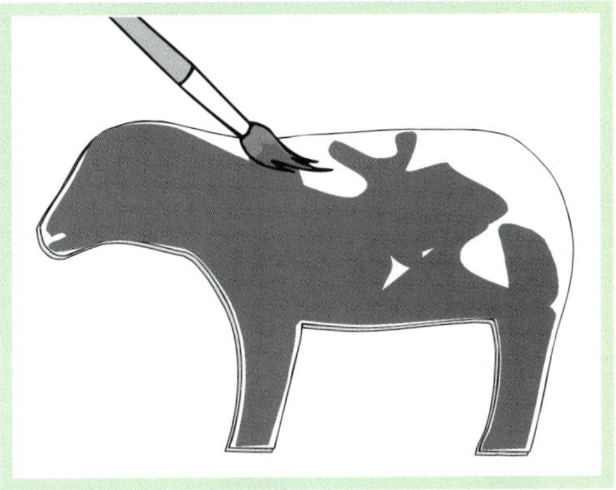

Schritt 2

Schritte 3 und 4

Schritt für Schritt

1 Die Schüler übertragen das Schaf auf den Karton und schneiden es aus.

2 Sie malen beide Seiten des Schafs schwarz an und lassen die Farbe gründlich trocknen.

3 Die Schüler wickeln die Wolle von vorne nach hinten um den Körper des Schafs. Hinter der Schulter des Schafes ändern sie die Wickelrichtung.

4 Zum Schluss schneiden die Schüler Ohren aus dem Tonpapier und kleben sie an.

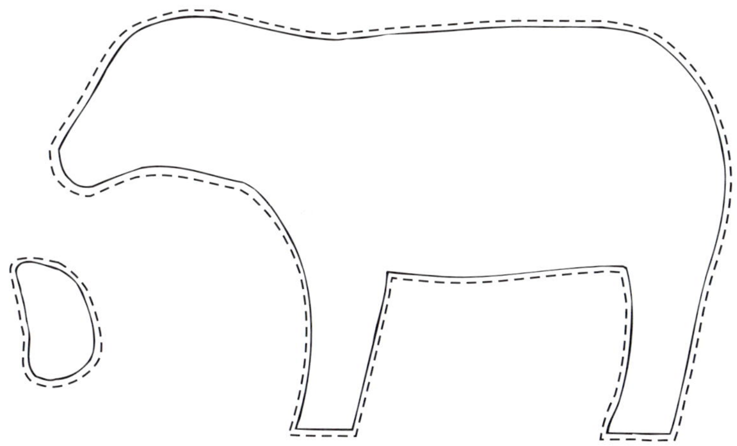

Vorlage für Schafe und Ohren

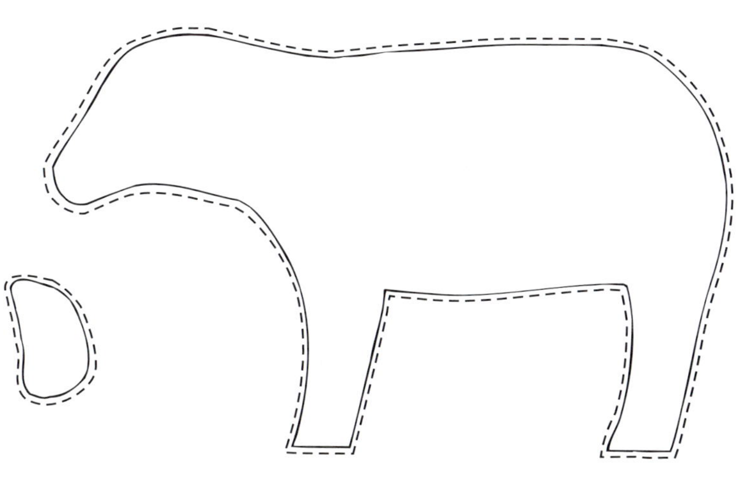

Die Galerie im Klassenzimmer

Das Herstellen von Kunstwerken ist in vielerlei Hinsicht eine lohnende Erfahrung. Anderen zu zeigen, was man geschaffen hat, ist dabei ein wichtiger Aspekt. Eine Möglichkeit dafür ist die „Galerie im Klassenzimmer" oder die „Schulgalerie".

Die Größe und Gestaltung der Galerie hängt vom verfügbaren Platz, der Ausrüstung und Ihrer Zeit ab. Wählen Sie aus den folgenden Vorschlägen aus, was sich für Ihre Zwecke am besten eignet.

Wände

Ein unbenutztes schwarzes Brett kann in eine Ausstellungsfläche sowohl für flache als auch für dreidimensionale Objekte verwandelt werden. Anschlagbretter und Tafeln auf Rollen sowie bewegliche Raumteiler können die Ausstellungsfläche erweitern.

Beziehen Sie die Ausstellungswände mit Papier, Stoff, Sackleinen, Tapeten etc., um einen interessanten Hintergrund zu schaffen. Stellen Sie sicher, dass Farbe und Struktur zu den Ausstellungsstücken passen. Falsche Farben können irritieren.

Rahmen Sie flache Ausstellungsstücke und arrangieren Sie sie passend. Dreidimensionale Gegenstände wie Masken können ebenfalls an die Wand gehängt werden.

Kennzeichnen Sie jedes Stück mit seinem Titel, den verwendeten Materialien, dem Namen des Künstlers und dem Erstellungsdatum.

Fensterbretter und Tische

Fensterbretter, Tische und Bücherregale eignen sich sehr gut als Ausstellungsflächen für dreidimensionale Objekte. Verwenden Sie Papier oder Stoff als Unterlage, das wirkt interessanter. Versehen Sie jedes Objekt mit einem Schild.

Bodenflächen

Wenn Sie große Werkstücke wie z. B. Tiere aus Papiermaschee etc. herstellen, reservieren Sie einen Platz auf dem Boden, um diese auszustellen. Legen Sie einen Teppich aus oder grenzen Sie die Fläche mit Klebeband ab. Verwenden Sie Würfel, Hocker oder kleine Tische als Sockel. Bedecken Sie diese mit Stoff. Stellen Sie die Werkstücke auf und versehen Sie jedes mit einem großen Schild.

Egal wie klein oder groß Ihre Ausstellung ist, laden Sie Eltern und Anwohner ein, sich die Werke der Schüler anzuschauen.

Glossar

abstrakt	ein Werk, das keine erkennbare Person oder Sache darstellt
Actionpainting	eine Malmethode, bei der Bewegung im Spiel ist
anlösen	Vorbereitung von Farben, indem man Wasser zugibt, um die Pigmente zu lösen
Arrangement/ Anordnung	Zusammenstellung von Dingen in einer bestimmten Reihenfolge oder in einem Muster
asymmetrisch	nicht symmetrisch; kann nicht in zwei identische Hälften geteilt werden
Aufbaumethode	Methode der Tonbearbeitung, bei der ein separates Stück Ton angesetzt wird, um z. B. Ohren zu formen; die zu verbindenden Oberflächen werden aufgeraut und mit Schlicker bestrichen
aufrauen	eine Oberfläche anritzen (z. B mit einem Messer oder einem Zahnstocher), damit zwei Tonstücke sich besser miteinander verbinden (vgl. Aufbaumethode)
Bast	eine Faser aus Blättern der Raffia-Palme, die beispielsweise zum Weben von Untersetzern und Taschen benutzt wird
brennen	Vorgang, bei dem Objekte aus Ton bei sehr hohen Temperaturen in einem speziellen Ofen, dem Brennofen, „gebacken" werden
Brennofen	ein Ofen, in dem Objekte aus Ton bei sehr hohen Temperaturen „gebacken" werden
Bucheinband	der Deckel, der die Seiten eines Buchs zusammenhält
Collage	eine künstlerische Zusammenstellung von Materialien und Objekten, die auf eine Oberfläche geklebt werden
designen/Design	die Gestaltung eines Kunstwerks planen; das Ergebnis der bewussten Gestaltung
Docht	der Teil einer Kerze, der angezündet wird
Doppelknoten	verbreiteter doppelter Knoten, der zustande kommt, wenn man zwei lose Enden erst rechts über links, dann links über rechts bindet
dreidimensional	hat Tiefe, Höhe und Breite, eine räumliche Ausdehnung
drucken	das Übertragen eines Bildes oder Textes mittels Tinte oder Farbe von einer Oberfläche auf eine andere (z. B. Stempeln, Monotypie, Abdrucke von Blättern etc.)
Eindruck	Effekt, der an ein Objekt oder an ein Gefühl erinnert
eingeschränkte Farbpalette	eine Auswahl von nur zwei oder drei Farben
Erdfarben	Farbtöne, die den gedämpften Farben ähneln, die in der Natur zu finden sind z. B. Braun, Graugrün, Rost, Beige
Fantasie	ein Bild, das nicht aus der realen Welt stammt
Farbton	Abstufungen einer bestimmten Farbe
Farbzusammenstellung	eine Kombination von Farben nach einem allgemeinen Plan
Faser	eine Art Faden aus pflanzlichem, tierischem oder künstlichem Material (z. B. Bast, Papierfasern etc.)
Fixativ	ein Spray, dass das Verschmieren von Farben, z. B. bei Kreiden, verhindert (Oberflächenschutz)
Flaschenkürbis	Frucht einer Kletterpflanze; haben eine harte Schale und sind unregelmäßig geformt
flechten	drei oder mehr Stränge werden ineinander verwoben, um z. B. einen Zopf, eine Kordel oder ein Seil herzustellen
Form	Aussehen, Gestaltung, Struktur und Muster eines Kunstwerks
freie Form	eine Form, die ohne mechanische Hilfsmittel oder präzise Vorgaben entsteht
Galerie	Ort, an dem Kunstwerke ausgestellt werden
geometrische Formen	einfache Formen, die aus geraden oder gebogenen Linien zusammengesetzt sind
geometrisches Design	Plan für ein Gemälde (und dessen konkrete Gestaltung), das mit (geometrischen) Formen arbeitet
Gießform/Form	eine Form, in die Wachs gegossen werden kann; der Teil des Papierschöpfrahmens, der die Kanten bestimmt; ein Hilfsmittel bei der Arbeit mit Ton, in das Schlicker (nasser Ton) gegossen wird, um ein Objekt zu formen oder über dem Ton geformt werden kann
Glasur	eine flüssige glasähnliche Farbe, die dazu verwendet wird, Arbeiten aus Ton zu versiegeln und zu dekorieren
Handspindel	ein Gerät zum Spinnen von Wolle, das in der Hand gehalten wird und aus einem Rundholz (Spindel) und einer Holzscheibe (Spinnwirtel) besteht
Impasto	eine dickflüssige Farbe, die benutzt wird, um einem Gemälde Struktur zu verleihen (z. B. von dem Maler van Gogh eingesetzt)
Karden	ein Paar Drahtbürsten, mit denen Rohwolle vor dem Spinnen gekämmt wird

Kette/Kettfäden	senkrecht verlaufende Fäden in einem Gewebe oder Webrahmen
Kimono	ein langärmliges japanisches Kleidungsstück
Klopf- oder Treibtechnik	eine Töpfertechnik, bei der das Objekt leicht mit einem Gegenstand (z. B. einem Löffel oder einem Modellierholz) beklopft wird, um es sanft zu formen und Fingerabdrücke und Unebenheiten zu entfernen
Komplementärfarben	Farben, die sich im Farbkreis direkt gegenüberstehen (Rot und Grün, Violett und Gelb, Blau und Orange)
Kubismus	Kunststil, der durch geometrische Formen gekennzeichnet ist
kühle Farben	Farben, die beruhigend wirken (Blautöne, Grüntöne, Violetttöne)
Landschaftsbild	ein Bild, das eine natürliche Szenerie darstellt
Leuchte	ein lampenähnliches Objekt, das Licht abstrahlt
malen	die Darstellung eines Gegenstands auf einer Oberfläche mithilfe von Farbe
maskieren	den Teil eines Gemäldes schützen, der nicht mit Farbe in Berührung kommen soll
Material	die Substanz, die zur Herstellung eines Bildes oder eines Drucks verwendet wird
Metallkunst	hier: ein Kunstwerk aus leichten Metallen z. B. Zinn oder Blech herstellen
Mischtechnik	in einem Kunstwerk werden verschiedene Materialien nebeneinander verwendet
monochromatisch	hat nur eine Farbe; einfarbig
Monotypie	(Einmaldruck); bei dieser Technik wird ein Blatt Papier auf eine mit Farbe oder Tinte bemalte Fläche gelegt; durch Drücken wird die Farbe auf das Papier übertragen bzw. gedruckt
Mosaik	eine Dekoration oder ein Bild, das aus kleinen Stücken verschiedenfarbigen Materials (Papierschnipsel, Steinchen etc.) zusammengestellt wird
Musterbildung	Erzeugen eines Musters durch Wiederholungen
Namensstempel	ein geschnitzter Stempel, der dazu dient, eine Unterschrift oder ein Muster zu drucken
Nass-in-nass-Technik	eine Maltechnik, bei der das Papier zunächst angefeuchtet wird, damit die Farben ineinander verlaufen
negativ	beim Stempel: das Motiv ist ausgespart, der Hintergrund wird farbig gedruckt
Oberflächen struktur	gestaltete Oberfläche eines Objekts (glatt, körnig, geriffelt, unregelmäßig etc.)
Obi	eine breite Schärpe, die zu einem Kimono getragen wird
optische Täuschung	eine falsche Erscheinung oder ein falscher Eindruck
Origami	japanische Kunst des Papierfaltens
Papiermaschee	Material aus mit Leim gemischten Papierschnitzeln, das in feuchtem Zustand geformt werden kann und hart wird, wenn es trocknet
Paraffin	ein wachsartiges, farbloses Material, das bei der Kerzenherstellung verwendet wird
Pastellkreide	Malkreiden, die aus einem kreideähnlichen Pigment bestehen
Pigment	Substanz, die zum Färben verwendet wird
Piktogramm	Bildsymbol; vermittelt durch vereinfachte zeichnerische Darstellung Information
Plattentechnik	Methode der Tonbearbeitung; als Ausgangsmaterial für die Weiterverarbeitung (z. B. als Gefäßboden, für Kacheln oder Bilderrahmen) wird der Ton mit einer Walze oder einem Teigroller ausgerollt
positiv	in diesem Fall: eine Struktur, die hervorgehoben ist; beim Schnitzen, z. B. eines Stempels, das, was stehen bleibt; das positive Motiv ragt aus dem Hintergrund hervor und wird farbig gedruckt
Primärfarben	die Farben des Farbkreises, die nicht durch Mischen hergestellt werden können (Rot, Blau, Gelb)
quetschen/ Quetschmethode	(auch Drückmethode) Methode der Tonbearbeitung, bei der der Ton gequetscht, gedrückt und gezogen wird, um eine bestimme Form, z. B. die Beine eines Bären oder die Flossen eines Fischs, herzustellen (im Gegensatz zum Ansetzen eines Tonstücks, vgl. Aufbaumethode)
Recycling	die Wiederverwendung bereits genutzter Rohstoffe; Beispiele: Herstellung von Papier aus Altpapier/von Glas aus Altglas u. Ä.
Relief	eine plastische Darstellung aus einem Hintergrund heraus; Bild mit erhabenen Strukturen (z. B. Schnurbild)
Reliefdruck	ein Druck, der von einem Relief hergestellt wird
Schiffchen	wird beim Weben benutzt, um die Schussfäden durch die Kette hin und zurück zu transportieren
Schlicker	wässrige Mischung aus Ton und Wasser, die wie ein Klebstoff wirkt; wird dazu benutzt, um Teile aus Ton miteinander zu verbinden

schnitzen	Holz, Stein oder andere Materialien so schneiden, dass eine Figur oder ein Muster entsteht
Schöpfsieb	der Teil eines Schöpfrahmens, der mit Draht oder Gaze bezogen ist
Schuss/ Schussfäden	waagrecht verlaufende Fäden in einem Gewebe oder Webrahmen
Schwammtechnik	mit einem Schwamm malen oder drucken
Sekundärfarben	Farben im Farbkreis, die aus zwei Primärfarben gemischt werden (Orange, Grün, Violett)
Skulptur	dreidimensionales Objekt, das durch Schnitzen oder Formen entstanden ist
Spindel	ein Rundholz, auf das Wolle gewickelt wird
spinnen	Fasern herausziehen, um sie zu Garn zu verdrehen
Stillleben	ein Bild, das aus unbelebten Objekten besteht
symmetrisch	kann in zwei identische Hälften geteilt werden; ein Muster ist symmetrisch, wenn die einzelnen (identischen) Elemente auf beiden Seiten einer Mittellinie gleich angeordnet sind
Talisman	ein Objekt, das magische Kräfte haben soll und aus Stein oder Holz geschnitzt ist
Tarnung/Tarnen	die Kunst des Verbergens; Dinge in ihrer Umgebung verschwinden lassen
Technik	Methode, um eine bestimmte Aufgabe zu erfüllen
Textur	die sicht- und fühlbare Struktur eines Kunstwerks in Abhängigkeit des verwendeten Materials
Ton	ein feinkörniges, wasserundurchlässiges Lockergestein, Wasser führt bei Ton zur Quellung und macht ihn verformbar, beim Brennen verliert er das Wasser und wird sehr hart
transparent	lichtdurchlässig
Volkskunst	traditionelle Kunst eines Volkes
warme Farben	Farben, die Wärme vermitteln (Rottöne, Orangetöne, Gelbtöne)
Webstuhl/ Webrahmen	eine Vorrichtung, auf der Stoff hergestellt wird, indem Fäden oder Garne im rechten Winkel verwoben werden
Wulstmethode	Methode der Tonbearbeitung, bei der Wülste gerollt und dann mit Schlicker aneinander gesetzt werden
Xieyi	chinesischer Ausdruck für eine traditionelle Tuschmalerei

Kreativ werden: An die Pinsel, fertig, los!

Abwechslungsreiche Materialien für Ihren Kunstunterricht

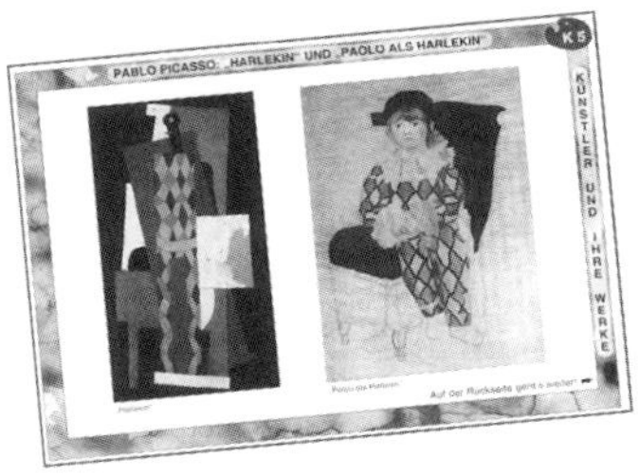

Kerstin Bommer/Angelika Hofmockel

Die bunte Kunstkartei

Grundschule
Bergedorfer® Schülerkartei
66 Karten, DIN A5, z. T. vierfarbig Best.-Nr. **3903**

Diese umfangreiche Kartei für den Kunstunterricht bietet vielfältiges Aufgaben- und Anschauungsmaterial zu Themenbereichen ab dem 3. Schuljahr. Sie regt zum Ausprobieren der verschiedensten Arbeitstechniken an, bietet aber darüber hinaus auch einen großen Fundus an Hintergrundinformationen (Künstlerlebensläufe, Farbenlehre, Optik u. a.). Zahlreiche Bilder und Zeichnungen veranschaulichen die abwechslungsreichen Arbeitsaufträge auf kindgemäße Weise.
Viele farbige Abbildungen, z. B. zum Farbenmischen, zur Farbenlehre und zu Beispielen berühmter Kunstwerke erleichtern die Arbeitsvorbereitung und motivieren die Schüler/-innen. Durch die fächer- und bereichsübergreifende Themenwahl sind die Karten jederzeit und vielseitig einsetzbar.

Peter Sommer

Farbiges Gestalten im Kunstunterricht

Kreative Ideen für alle Jahreszeiten
40 Kopiervorlagen, DIN A4,
mit Lehrerbegleitheft und farbigem Anschauungsteil Best.-Nr. **2367**

Tolle Ideen rund ums Jahr! Frühling, Sommer, Herbst und Winter bieten eine Fülle an Themen und Motiven für den Kunstunterricht – gerade in der Grundschule.
In dieser Mappe geht es um unterschiedlichstes Gestalten mit Farbe. Verschiedene Techniken wie Collage, Finger-, Pappkanten- oder Apfeldruck, Verblasen von Tusche, Gestalten mit Naturmaterialien, Malen/Zeichnen mit Wachsmalfarben und Tusche u. v. a. bieten eine breite Palette an Gestaltungsvorschlägen.

Barbara Jaglarz/Georg Bemmerlein

Immerwährender Kalender zum Selbstgestalten im Kunstunterricht

Kreativ Ideen als Kopiervorlagen für Grundschule und Sekundarstufe I
88 Seiten, DIN A4, farbig, kartoniert Best.-Nr. **3660**

Dieses Buch bietet Lehrerinnen und Lehrern vielfältige Ideen zur **Gestaltung eines attraktiven Kalenders**, dessen Fertigstellung in kurzer Zeit zu bewältigen ist. Für jeden Monat des Jahres stehen dafür vier unterschiedliche Gestaltungsvorschläge zur Verfügung, die sich in Schwierigkeitsgrad, Zeitaufwand und Technik unterscheiden. Diese kreativen Vorschläge sind als Kopiervorlage für die Schülerhand konzipiert. Sie enthalten neben einem Bildbeispiel eine genaue Materialliste und detaillierte Anweisungen zum selbstständigen Arbeiten.
Neben den zahlreichen Ideen für die Gestaltung der Monatsblätter enthält dieses Buch sowohl ein **jahresunabhängiges Kalendarium** als auch vier kreative **Gestaltungsvorschläge für das Titelblatt**.

Bergedorfer®

Persen **Bestellcoupon** Persen

Ja, bitte senden Sie mir/uns mit Rechnung

____ Expl. ______________________ Best.-Nr. ______
____ Expl. ______________________ Best.-Nr. ______
____ Expl. ______________________ Best.-Nr. ______
____ Expl. ______________________ Best.-Nr. ______

☐ Ja, bitte schicken Sie mir kostenlos Ihren aktuellen Gesamtkatalog zu.

Bestellen Sie bequem direkt bei uns!
Telefon: 0 41 63/81 40 40
Fax: 0 41 63/81 40 50
E-Mail: info@persen.de

Bitte kopieren und einsenden an:

Persen Verlag GmbH
Postfach 260
D-21637 Horneburg

Meine Anschrift lautet:

Name/Vorname

Straße

PLZ/Ort

Datum/Unterschrift

E-Mail

Kinder entdecken die Welt der Künstler!

Unterrichtsideen bringen Spaß

Bergedorfer®

Rosalia Abbenhaus

Kinder entdecken Miró

■ **Buch**
80 Seiten, DIN A4, kartoniert, farbig
Best.-Nr. **3693**

■ **Foliensatz***
25 Farbfolien, DIN A5 Best.-Nr. **3694**

Birgit de Coster

Kinder entdecken Hundertwasser

■ **Buch**
68 Seiten, DIN A4, kartoniert, farbig
Best.-Nr. **3878**

■ **Foliensatz**
10 Farbfolien, DIN A5 Best.-Nr. **3879**

Ursula Gareis

Kinder entdecken Otmar Alt

■ **Buch**
96 Seiten, DIN A4, kartoniert, farbig
Best.-Nr. **3538**

■ **Foliensatz***
22 Farbfolien, DIN A5 Best.-Nr. **3539**

„Kinder entdecken ..." – eine Reihe voller bunter Kunstideen!
Die drei Bände der Reihe widmen sich Künstlern, die durch ihre **Farbenfreude, fantasievolle Formen und fantastische Themen** Kinder in besonderer Weise ansprechen. die Schülerinnen und Schüler lernen die Künstler selbst sowie Merkmale ihrer Kunststile umfassend kennen. Zahlreiche **tolle Unterrichtsvorschläge** mit vielen praktischen Tipps machen es auch fachfremd unterrichtenden Lehrerinnen und Lehrern leicht, die Kinder in die Welt des jeweiligen Künstlers eintauchen zu lassen.
Für **Kreativität** ist gesorgt:
Im **Band zu Otmar Alt** gestalten die Kinder Wesen zu seltsamen Namen, erstellen gemeinsam einen Fries mit Katzen, entwerfen fantasievolle Brillen für jede Gelegenheit, bauen leuchtende Laternen, entwickeln Bühnenbilder und Kostüme für ein Theater in der Schachtel u. v. m.

Mit dem **Band zu Hundertwasser** werden sie u. a. kreativ, indem sie Bilder verfremden, Collagen, Papphäuser oder Kissenbezüge gestalten.
Der **Band zu Miró** hilft ein Wandbild mit Pizzakartons zu erstellen, Skulpturen aus Fundstücken zu bauen, fantastische Drahtwesen zu formen oder Außerirdische aus farbigen Holzelementen zu montieren.

* Hinweis: Leider wurde uns der Abdruck für die Original-Bildvorlagen Mirós in diesem Band von der Fundació Joan Miro in Barcelona nicht gestattet.
Alle für Ihren Unterricht benötigten 15 farbigen Bildvorlagen sowie weitere 10 Farbfolien anderer moderner Kunstwerke sind aber als Foliensatz „Kinder entdecken Miró" erhältlich.

Persen **Bestellcoupon** Persen

Ja, bitte senden Sie mir/uns mit Rechnung

___ Expl. ____________________ Best.-Nr. _____

___ Expl. ____________________ Best.-Nr. _____

___ Expl. ____________________ Best.-Nr. _____

___ Expl. ____________________ Best.-Nr. _____

☐ Ja, bitte schicken Sie mir kostenlos Ihren aktuellen Gesamtkatalog zu.

Bestellen Sie bequem direkt bei uns!
Telefon: 0 41 63/81 40 40
Fax: 0 41 63/81 40 50
E-Mail: info@persen.de

Bitte kopieren und einsenden an:

Persen Verlag GmbH
Postfach 260
D-21637 Horneburg

Meine Anschrift lautet:

____
Name/Vorname

____
Straße

____
PLZ/Ort

____
Datum/Unterschrift

____
E-Mail